每天只要7分钟，
坐着就能消耗脂肪，
站着也能瘦出好身材！

每天健身 7分钟

刘斌 编著

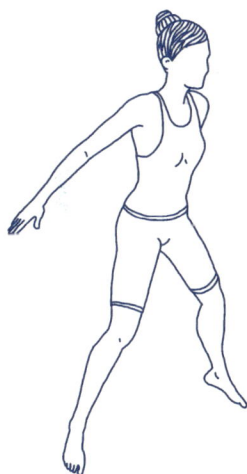

电子工业出版社·
Publishing House of Electronics Industry
北京·BEIJING

图书在版编目（CIP）数据

每天健身7分钟 / 刘斌编著. -- 北京：电子工业出

版社，2024. 10. -- ISBN 978-7-121-48768-2

Ⅰ. G883

中国国家版本馆CIP数据核字第2024VE2793号

逗号张文化创意
13910136213
全案策划

责任编辑：于兰
文字编辑：刘晓
印　　刷：三河市华成印务有限公司
装　　订：三河市华成印务有限公司
出版发行：电子工业出版社
　　　　　北京市海淀区万寿路173信箱　　　邮编：100036
开　　本：880×1230　1/32　　　印张：8　　字数：307.2千字
版　　次：2024年10月第1版
印　　次：2024年10月第1次印刷
定　　价：68.00元

凡所购买电子工业出版社图书有缺损问题，请向购买书店调换。若书店售缺，请与本
社发行部联系，联系及邮购电话：(010)88254888，88258888。

质量投诉请发邮件至zlts@phei.com.cn，盗版侵权举报请发邮件到dbqq@phei.com.cn。

本书咨询联系方式：QQ1069038421。

前言

你想要：强身健体

你想要：全身燃脂

你想要：宽肩窄腰

你想要：完美背影

你想要：挺拔胸部

你想要：臀翘腿长

你想要……

但是——

工作忙、加班，没时间

健身房花销大

在家怕扰民

在外怕尴尬

不知道怎么健身

……

这些，都不是问题！

每天只要7分钟

不用去健身房

不需要任何健身器械

没有场地限制

坐着就能消耗脂肪

站着也能瘦出好身材

在本书里，

全身塑形、强身，

肩背、胸部、腰腹、手臂、腿臀等局部锻炼，

以及解决常见的健康小问题，

都有完整的动作讲解。

你不需要考虑动作顺序问题，

也不需要考虑动作频次和强度，

本书里的每一个动作都有详细的图文描述，

还有配套动作视频，可以扫码观看，

不用担心看不懂。

你只需要做一件事——

跟着练！

当然，你也可以根据自己的情况和想法，

将这些动作进行拆解，

自由组合，

也能获得好的效果和更多的快乐。

从此刻开始，

扫清减脂健身路上的障碍，

成就更好的自己吧！

说明：我们尽量推荐不同的运动方法，但在第四章
中，为了缓解身体小毛病的需要，根据动作的功效
特点，部分动作跟前面章节中的动作可能会相同。

目录

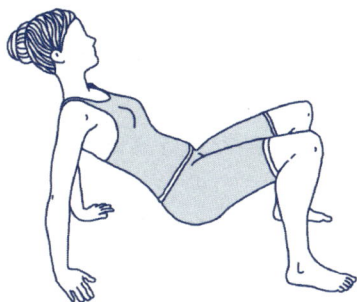

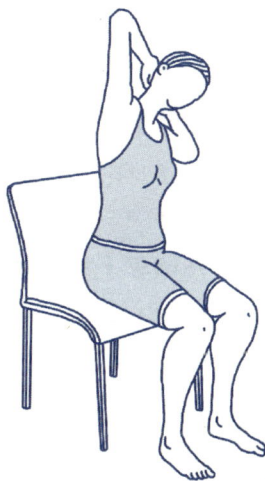

每天7分钟，专注局部，想练哪里就练哪里

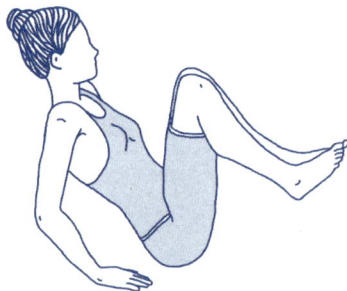

每天7分钟，8周强身健体计划

每天7分钟，轻松解决身上小毛病

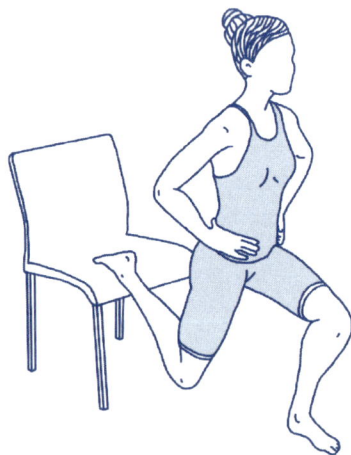

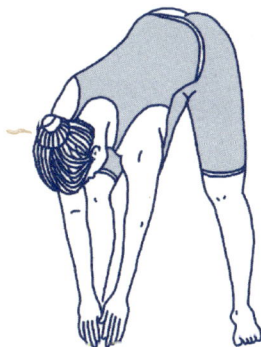

健身前的"自画像"

盲目锻炼容易越练越伤，所以在锻炼之前，你需要做这些事情。

减肥、塑形，还是强身？

对于健身小白来说，首先要明确目标，然后制订适合自己的锻炼计划，才能事半功倍。你的目标是什么呢？

想减肥？

要减肥，你需要确定你是真的肥。

标准体重计算方法：
标准体重（千克）＝身高（厘米）－ 105

肥胖度计算方法：
肥胖度（%）＝（实际体重－标准体重）÷ 标准体重 ×100%

	体重判断标准	
对于瘦子来说，减肥可能会伤害身体健康	消瘦	肥胖度 ≤ −20%
	偏瘦	−20%< 肥胖度 <−10%
不需要减肥	正常体重	肥胖度在 ±10% 范围内
暂时不需要减肥，但平时要注意控制体重	超重	10%< 肥胖度 ≤ 20%
	轻度肥胖	20%< 肥胖度 ≤ 30%
你需要把减肥提上日程了	中度肥胖	30%< 肥胖度 ≤ 50%
	重度肥胖	肥胖度超过 50%

想塑形?

想要肩宽腰细、腹肌马甲线、翘臀美腿，你就需要塑形。不过，塑形有前提——有形可塑。比如，你想练出八块腹肌：

如果你是胖子	八块腹肌离得有点远。你需要先减掉多余的脂肪，让"游泳圈"变小，再做力量训练，让肚子上的肌肉变紧致。
如果你不胖不瘦，或者有些超重	离练出八块腹肌相对近一些。你需要力量训练与有氧运动结合，既让原有的肌肉变紧致，又让身材变得苗条。
如果你瘦得像麻秆儿一样	你需要提高身体的肌肉含量，让自己变得更强壮。

想强身?

总是觉得累、没精打采，没走几步就觉得腿软，爬个楼梯就气喘吁吁，皮肤不好、脸上长斑，消化能力不好，工作压力大，精神紧张，睡眠不好……比起减肥或塑形，你更需要强身，提升身体素质，让自己变得有力量。

运动需要多少"时间成本"？

没人可以代替你去锻炼，所以健身之前，你需要算一算自己的时间。

每天能挤出多少时间锻炼？	每周能锻炼多少次？	能坚持多久？
↓	↓	↓
至少 7 分钟	至少 3 次，建议在身体允许的情况下，每天都锻炼	越久越好

想练出魔鬼身材，每周至少锻炼 5~6 次，最好每天练 2 次。

在运动上投入时间，能让你收获健康、收获自信，这是世界上最划算的投资。

运动中要避免伤害

很多健身小白急于求成，刚开始锻炼就上"猛料"，这样只会让你很受伤。健身之前，你需要做好功课，避免在运动中受伤。

测量血压、心率等，确认身体舒适、适合运动	◄------- 避免疾病因素、身体损伤带来的伤害
运动场地要平整，没有障碍物	◄------- 避免摔倒或者碰撞障碍物而受伤
检查运动器材	◄------- 器材破损会影响运动效果，还有可能划伤身体
室内保持合适的温度	◄------- 太冷，运动后出汗容易着凉感冒；太热，运动中容易出现气闷、疲劳等状况
穿着要舒适，鞋袜要防滑	◄------- 预防摔倒，运动起来更舒服
选择合适的运动方式。体质较弱者最好选择较为舒缓的运动方式，体质较好者可选择一些中高难度的运动方式	◄------- 避免因运动方式不对而导致的头晕、胸闷、出冷汗等不适，以及对身体的损伤
控制运动的时间和强度，以运动后略微出汗，但整体感觉较为舒适，没有饥饿、心慌、出冷汗、头晕及四肢无力等症状为度	◄------- 避免过量运动导致的过于疲惫、肌肉酸痛、头晕、胸闷、腿软乏力等

运动前先做热身动作，如头部、肩部运动，扩胸运动，弓步压腿，膝关节、手脚腕踝关节运动，踢腿等	◀┈┈┈ 活动肢体，避免提高运动强度后身体不适应而导致受伤
运动后做伸展运动，如弓步压腿、拉腿筋，或者拍打四肢	◀┈┈┈ 缓解肌肉紧张，避免第二天出现肌肉酸痛的情况
空腹、刚吃饱不要运动，饭后 1 小时再运动	◀┈┈┈ 空腹运动容易导致低血糖，刚吃饱就运动容易导致呕吐
运动前后适当补充水分	◀┈┈┈ 避免缺水而出现的口渴、胸闷、乏力等不适
运动后不要喝冰水	◀┈┈┈ 容易导致血管收缩，诱发心脏问题
运动后先休息半小时再洗温水澡，时间控制在 5~10 分钟	◀┈┈┈ 运动后立即洗热水澡或冷水澡，容易引发心血管疾病

如果你在运动中出现饥饿、心慌、出冷汗、头晕乏力、四肢颤抖等低血糖症状，你需要：

● 立即停止运动，迅速补充一些随身携带的食物，如糖果、巧克力、高热量饮料等，一般在食用后休息 10 分钟左右，低血糖症状即可缓解。需要注意的是，低热量饮料和甜味剂食品并不能缓解低血糖症状。

● 如经上述处理后症状仍未缓解，或者低血糖症状较为严重时，需要继续增加碳水化合物的摄入，再吃些面包或水果，并寻求帮助，及时就医。

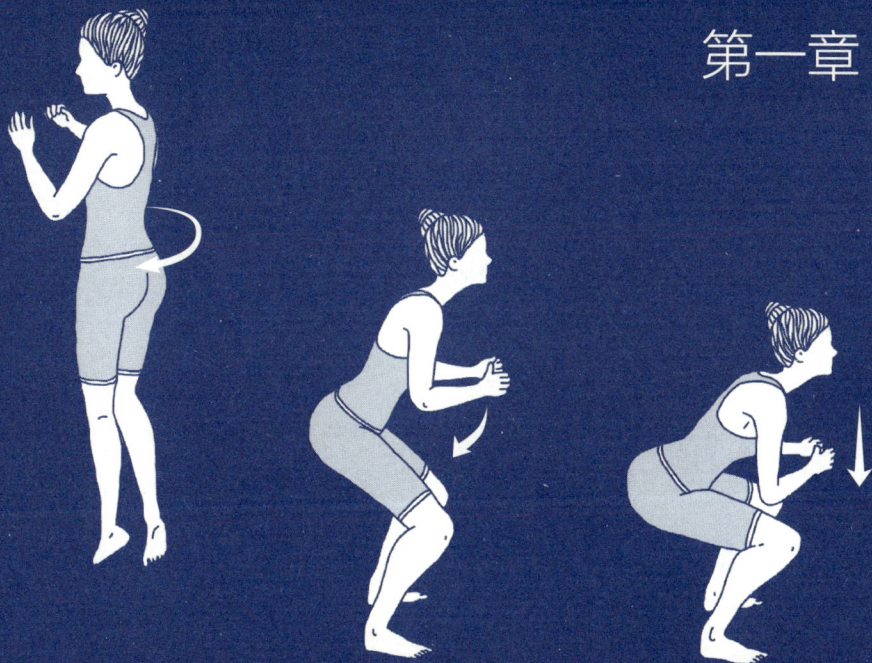

第一章

每天 7 分钟，
8 周全身减肥计划

肚子上这么多肉，再不减肥，感觉没脸见人了。

可是，减肥太累，没时间去健身房，买器械又很贵……

没关系！你只需要——每天跟练 7 分钟，坚持 8 周，就能收获最美的自己！

运动难度：★

运动方法：**以下动作分2组完成；每个动作各做30秒，中间休息10秒**

扫码跟着学

跳跃侧扭　　*肩膀、腰腿一起瘦*

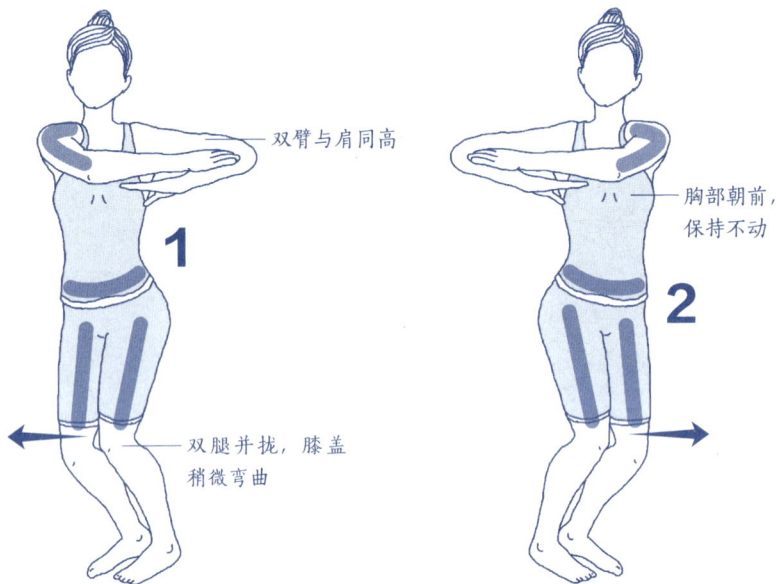

双臂与肩同高

胸部朝前，保持不动

1

2

双腿并拢，膝盖稍微弯曲

❶ 自然站立，双腿并拢，膝盖稍微弯曲，双臂抬起与肩同高，肘弯曲做类似于抱胸的动作，掌心朝下。

❷ 前脚掌起跳，臀部带动大腿向左右两侧扭动。

⚠ **注意事项**

1. 跳跃时，只前脚掌着地，脚跟尽量不碰触地面。
2. 跳跃时，胸部要朝前，尽量不转动，以达到扭转腹部的效果。

芭蕾式下蹲 激活臀肌，蹲走大腿赘肉

1

背部保持挺直

❶ 自然站立，双脚打开约 2 个肩宽，脚、膝盖呈外八字，双手叉腰，背部挺直。

2

膝盖的位置不要超过脚趾

❷ 屈膝向下蹲至双膝呈 90 度，然后站直。

❸ 重复以上动作。

⚠ **注意事项**
1. 在整个运动过程中，要保持背部挺直，膝盖始终位于脚趾后方。
2. 刚开始练习时，建议动作缓慢，2 秒完成 1 个蹲起、站立的动作，待身体适应后再逐渐加速。

站立登山　消耗全身脂肪，瘦手又瘦腿

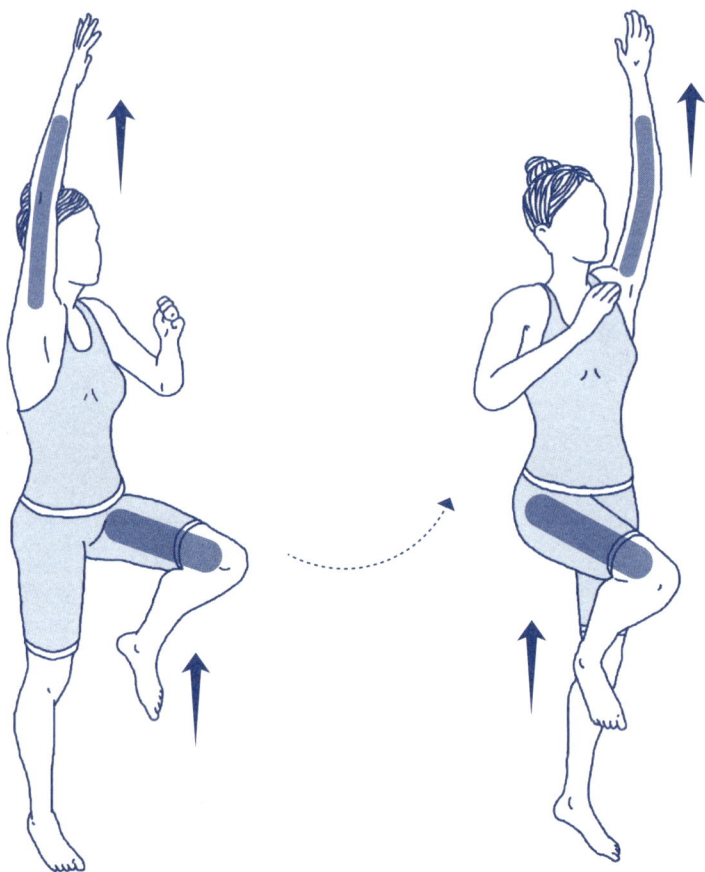

自然站立，双腿原地做登山跑的动作，同时双臂交替向上举过头顶。

侧腿提膝 腿瘦了，肚子平了，背变美了

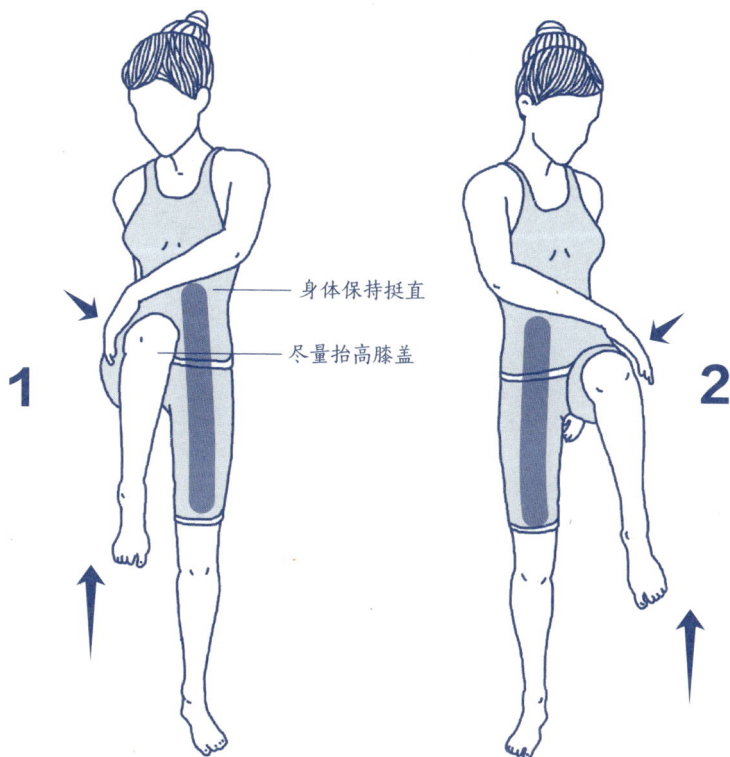

1

身体保持挺直

尽量抬高膝盖

2

❶ 自然站立，一腿抬膝，尽量将膝盖抬至腰部，同时用对侧手臂触碰膝盖外侧，同侧手臂向后甩动。

❷ 左右交替重复以上动作。

⚠️ 注意事项

1. 抬膝时，膝盖位置尽可能高。
2. 在保持身体平衡和动作连贯的前提下，尽量加快速度。

025

交替触踝

1

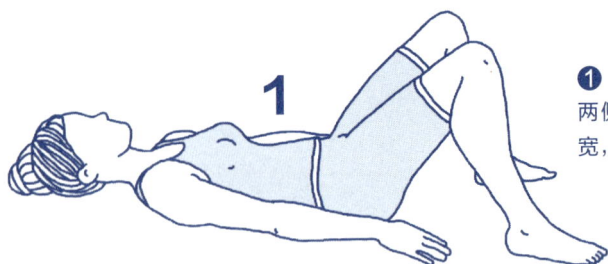

① 仰卧，双臂放在身体两侧，双脚展开与肩同宽，屈膝。

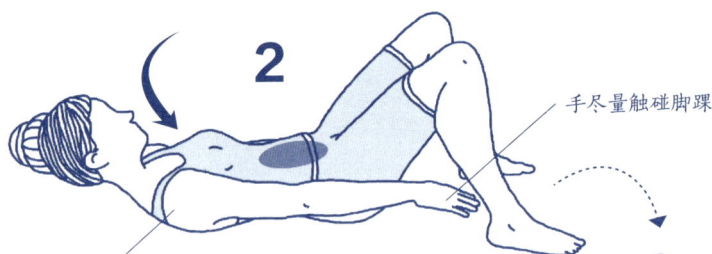

2

手尽量触碰脚踝

上身稍微抬起，但离地面不要太远

② 上身稍微抬起并分别向左、右侧弯，用手触碰脚踝。

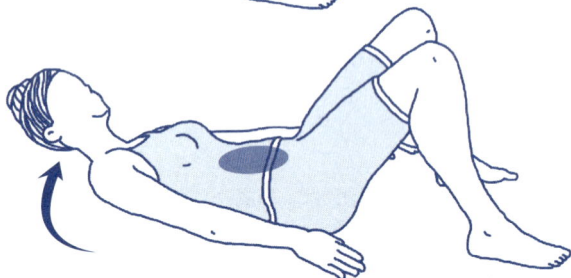

⚠️ **注意事项**　在整个运动过程中，上身都需要保持稍微抬起的姿势。

仰卧卷体 腹部"燃"脂，告别"小肚腩"

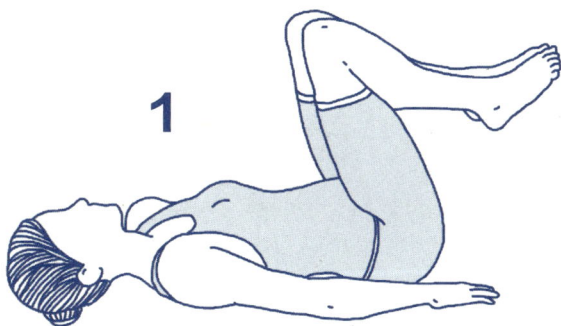

1

❶ 仰卧，双臂放在身体两侧，掌心贴地，双腿并拢，膝盖弯曲，大腿与地面垂直。

2

❷ 提膝，大腿弯向胸部，肩、背、手臂用力，臀部尽量向上抬起。

❸ 重复以上动作。

⚠ **注意事项** 重心放在肩膀和上身。

星形跳跃 让身体热起来，脂肪烧起来

❶ 自然站立，双臂放在身体两侧，然后稍微弯曲膝盖，准备向上跳跃。

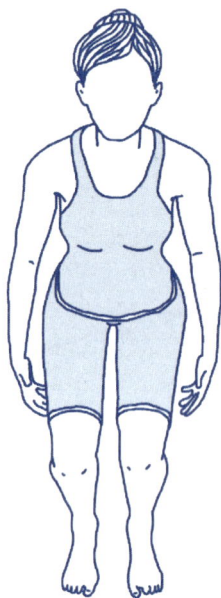

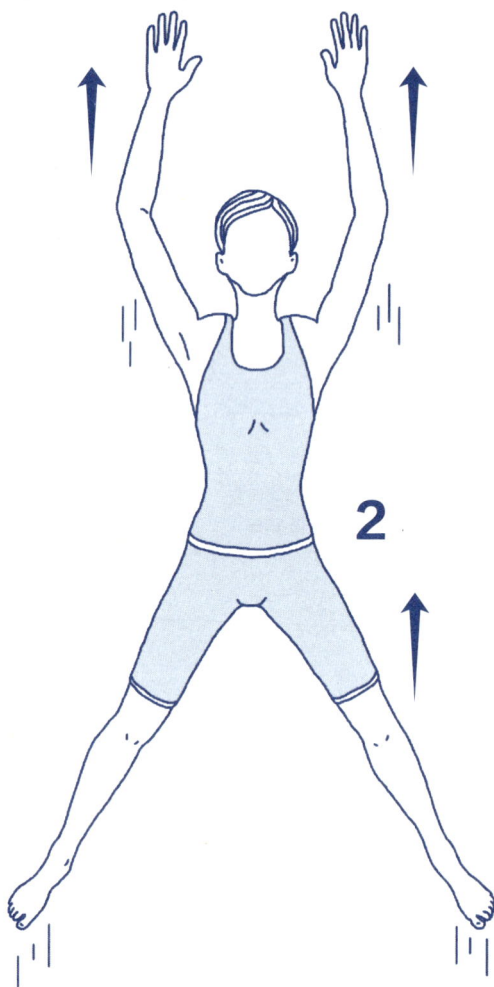

❷ 跳跃时，双臂尽可能向两侧、上方伸展，双腿向两侧伸展。落地时，双腿收拢并稍微弯曲膝盖，双臂放下。

❸ 重复以上动作。

⚠️ **注意事项** 尽量跳得高一些，以争取更多时间在空中完成伸展身体的动作。

简单燃脂塑形操

运动难度：★

运动方法：**每个动作各做50秒左右，中间休息10秒**

扫码跟着学

心形俯卧撑

胸部更挺拔，
肩部更有型，手臂更有力

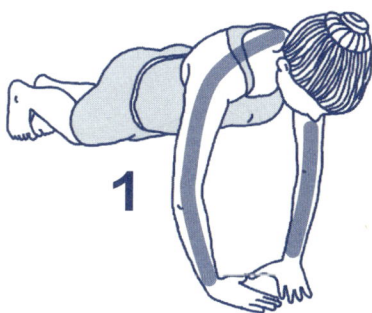

1

❶ 先保持俯卧撑撑起姿势，然后小臂向里收，双手拇指、食指合拢呈心形。

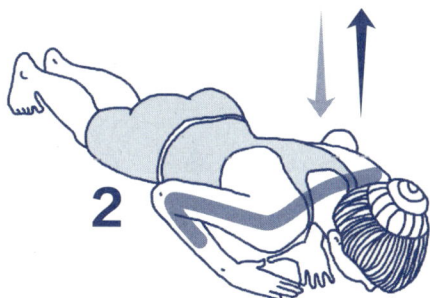

2

❷ 弯曲手臂，身体下压至胸部靠近地面，接着伸直双臂，将身体撑起。
❸ 重复以上动作。

⚠ **注意事项** 在整个运动过程中，腰背要挺直。

提腿仰卧起坐

1

90度

膝盖弯曲90度，
小腿与地面平行

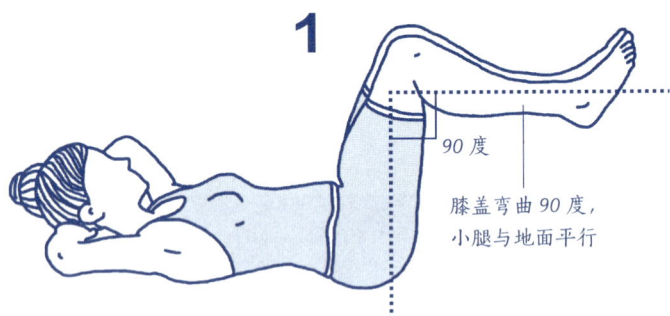

❶ 仰卧，双手交叉放在颈后，
将双腿抬起，膝盖弯曲90度，
小腿与地面平行。

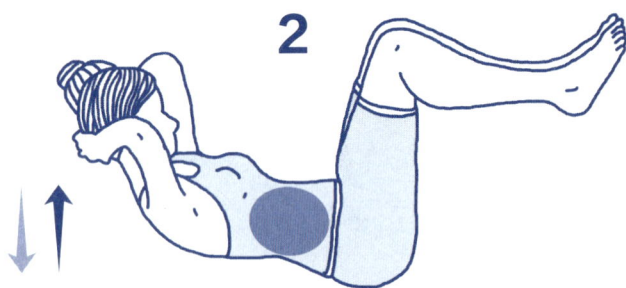

2

❷ 收腹，肩背、头颈慢慢向上抬起至最大限度，
然后慢慢放下身体。

❸ 重复以上动作。

⚠ **注意事项** 运动时腹部发力，带动肩背、头颈运动，双手不要发力，不要拉扯头部。

1

2

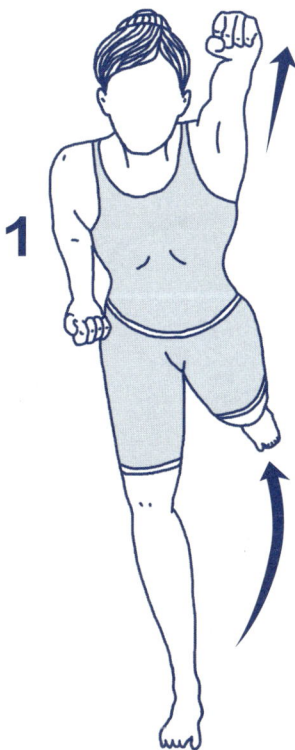

❶ 自然站立，双脚打开与肩同宽，然后左腿向后抬起，同时上身前倾，左手握拳，手臂向前伸直，右手握拳放在腰侧，做"超人"动作。保持 10 秒。

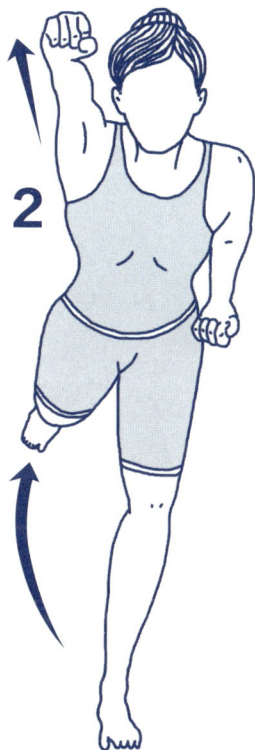

❷ 放下左腿和左手臂，换右侧做运动。

❸ 左右交替，重复进行。

注意事项
1. 抬起的腿、手臂和身体呈一条直线。
2. 做"超人"动作时，注意保持身体平衡。

仰卧抬腿

腹部更紧致，臀线更优美

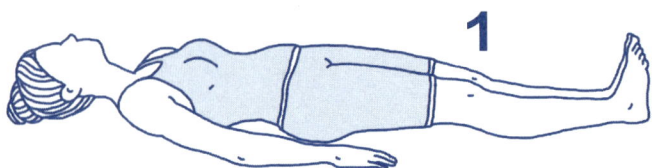

1

❶ 仰卧，双臂放在身体两侧，掌心贴地，双腿伸直、自然并拢。

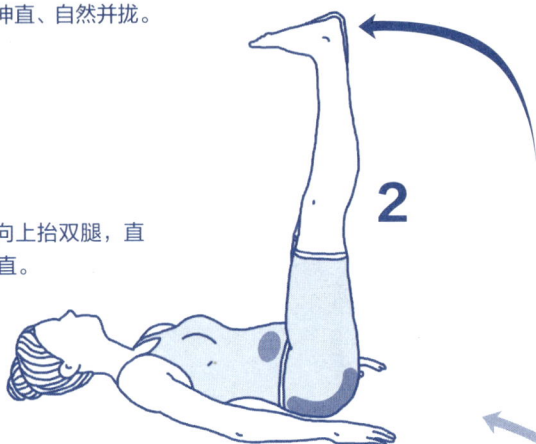

2

❷ 收紧腹部，向上抬双腿，直至双腿与地面垂直。

3

❸ 慢慢放下双腿，在脚跟离地面约 3 厘米时，重复做抬腿动作。

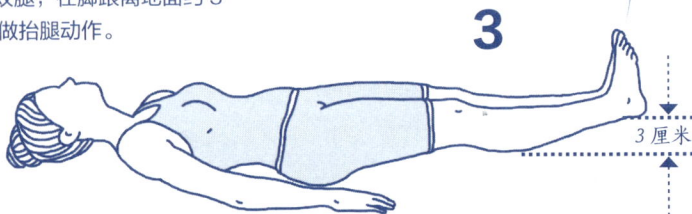

3 厘米

注意事项

运动时要腹部用力，带动腿向上，不要用力蹬腿带起臀部。

换腿跳

1

2

❷ 当抬起的大腿与地面平行时放下。

❸ 换另一条腿和对侧手臂重复以上动作。

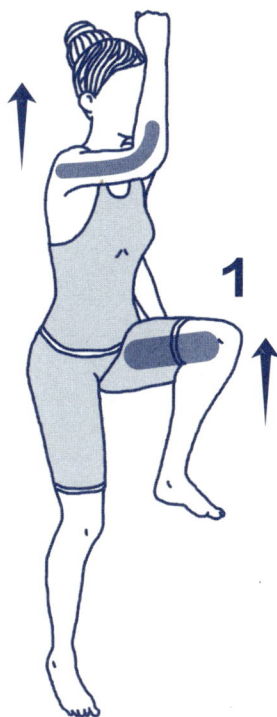

❶ 自然站立，单腿抬起向上跳，同时对侧手臂弯曲上举。

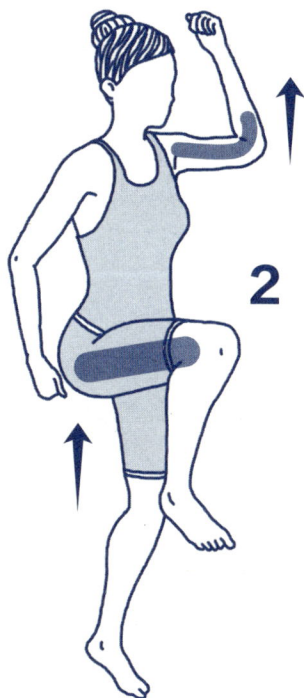

⚠ **注意事项**　跳跃时保持好节奏，避免同手同脚。

撑体侧边跳 充分调动臀腿、腰腹肌肉

1

❶ 先保持俯卧撑撑
起姿势。

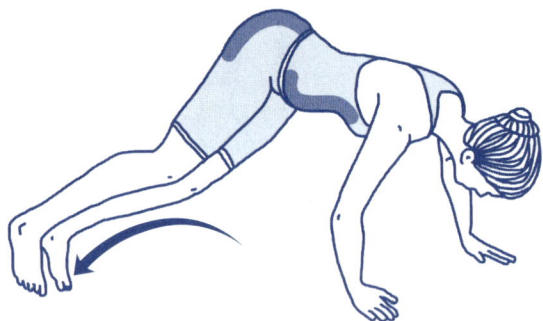

2

❷ 双腿并拢，向右侧跳一大步，然后
跳回原来的位置，再向左侧跳一大步。

❸ 重复以上动作。

⚠ **注意事项**　跳跃时，双腿保持并拢，膝盖稍微弯曲，落地时脚趾撑地。

运动难度：★★

运动方法：**以下动作分2组完成；**
每个动作各做30秒，中间休息10秒

扫码跟着学

锯式撑体 "大象腿"和"水桶腰"的克星

身体挺直，保持一条直线，与地面平行

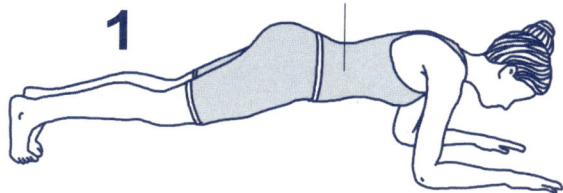

1

❶ 先保持俯卧撑撑起姿势，然后手肘弯曲90度，撑在肩膀正下方，小臂、手掌贴地。

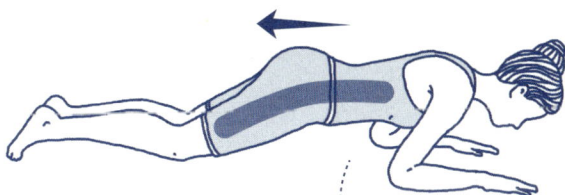

2

❷ 收紧腹部，脚趾发力，带动身体有节奏地前后移动。

⚠ **注意事项**

1. 全程收紧腰腹，身体呈一条直线，不塌腰、不撅臀。
2. 若无法完成动作，可仅做支撑，待手臂力量增加后再前后移动。

1

膝盖不要着地

❶ 双手、双脚略打开与肩同宽，手掌、脚掌前部撑地，使上身与地面平行，双膝弯曲 90 度，小腿与地面平行，眼睛看向地面。

2

背部挺直　　收下巴，面向地面

❷ 右手手掌、左脚同时向后移动两掌距离，然后左手手掌、右脚同时向后移动两掌距离。

3

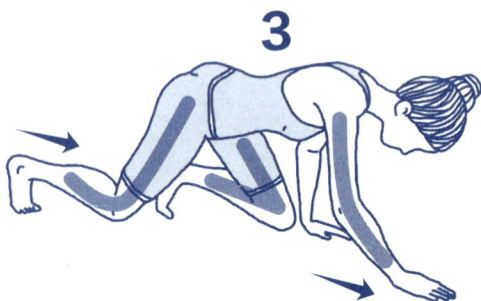

❸ 右手手掌、左脚同时向前移动两掌距离，然后左手手掌、右脚同时向前移动两掌距离。

❹ 重复以上前后爬行动作。

注意事项

1. 在整个运动过程中，背部要保持笔直，不塌腰、不弓背。
2. 爬行时要一步一动，保持好节奏。

屈身与伸展

1

2

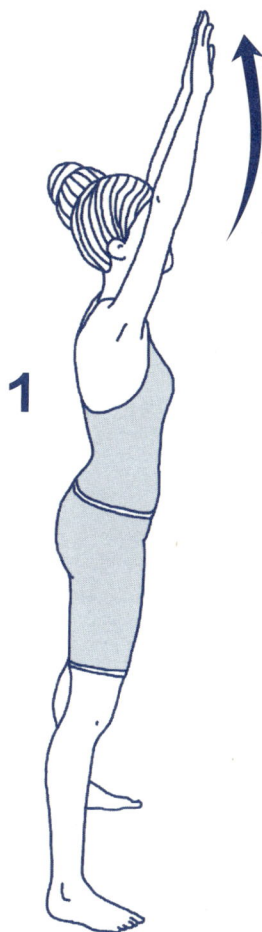

❶ 自然站立，双脚打开与肩同宽，脚趾稍微朝外，双手向上伸展，掌心朝前。

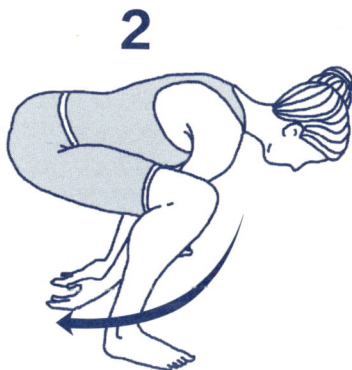

❷ 弯曲膝盖，身体向下至与地面平行，双手从双腿中间向后伸，然后回到起始姿势。

❸ 重复以上动作。

注意事项

1. 膝盖弯曲时不要往下"坐"，膝盖的位置不超过脚趾。
2. 向下弯曲时要保持背部挺直，双手尽可能向后伸。
3. 双手向后伸时，可略微弯曲手指。

手枪式下蹲 + 撑体

瘦臀美腿，消耗腹部脂肪

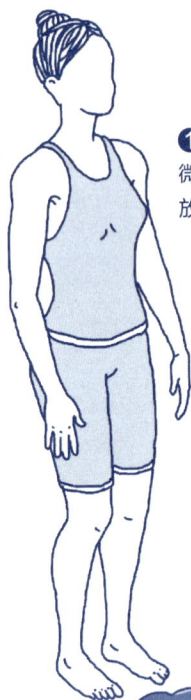

1 自然站立，双脚稍微打开，手肘略微弯曲，放在身体两侧。

1

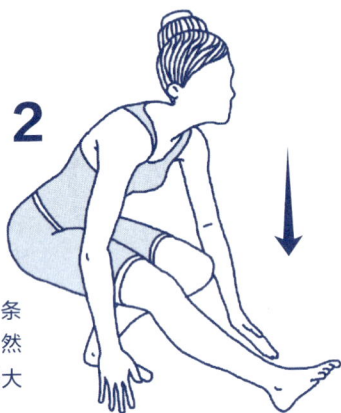

2

2 向前抬起一条腿并保持伸直，然后慢慢下蹲至最大限度再站起。

3

3 当伸出的腿回到原位时，身体向下，双手手掌着地，双腿向后用力伸直，脚趾着地，然后挺直身体。

4 两腿交替向前，重复以上动作。

注意事项 下蹲速度适当慢一点，以免摔倒。

V 形仰卧起坐

消除小肚腩，塑造腰腿线条

1

❶ 仰卧，双腿并拢伸直，双臂伸直举过头顶。

2

尽可能伸直双腿

背部保持挺直

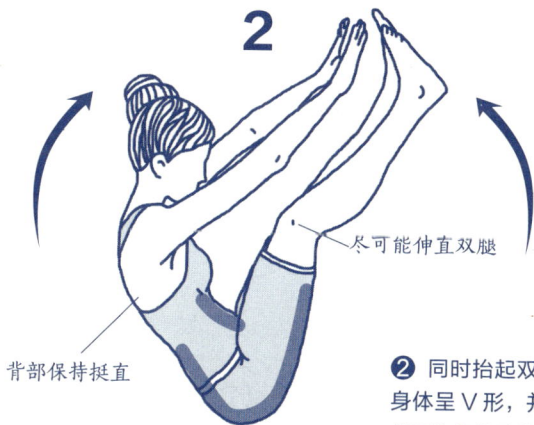

❷ 同时抬起双臂、上身、双腿，使身体呈 V 形，并用双手去触碰脚趾，然后恢复仰卧姿势。

❸ 重复以上动作。

⚠ **注意事项** 抬腿时保持双腿笔直有困难的话，可先弯曲双膝，逐步过渡。

第4周 全身线条管理操

运动难度：★★

运动方法：以下动作分2组完成；
每个动作各做40秒，中间休息5秒

扫码跟着学

蹲起　蹲走大腿赘肉，紧致小腿线条

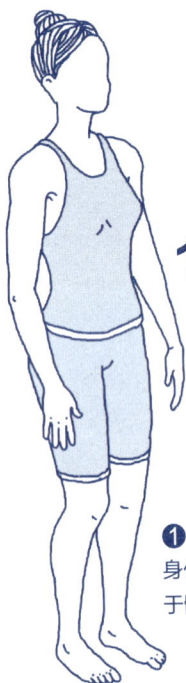

1 自然站立，双臂放在身体两侧，双脚打开略宽于髋，脚趾稍微朝外。

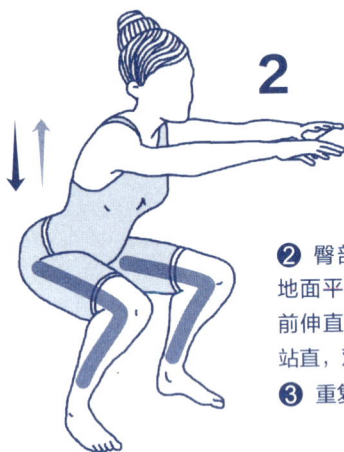

2 臀部下蹲至大腿与地面平行，同时双臂向前伸直与肩同高，然后站直，双臂放下。

3 重复以上动作。

进阶动作：

可手拿哑铃、装满水的瓶子等小工具以增加运动强度，也可以缩短双脚之间的距离来增加运动难度。

⚠ **注意事项** 运动时要保持背部挺直，不弓背。

跳绳　一项简单又高效的减肥运动

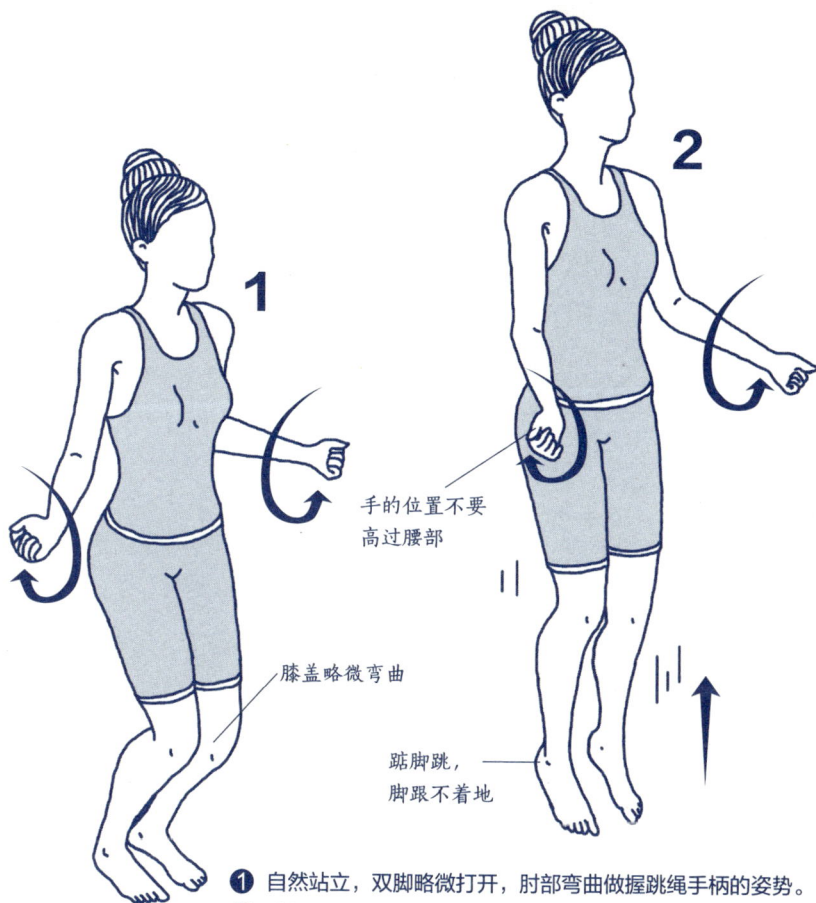

1

2

手的位置不要
高过腰部

膝盖略微弯曲

踮脚跳，
脚跟不着地

❶ 自然站立，双脚略微打开，肘部弯曲做握跳绳手柄的姿势。
❷ 膝盖略微弯曲，踮脚轻轻跳起，同时手做摇绳的动作。

进阶动作：

可提高速度、跳跃的高度等，以提高运动的强度和难度。

⚠ **注意事项**　跳跃时要保持节奏稳定，不要时快时慢。

后撑椅

开肩美背，改善含胸驼背

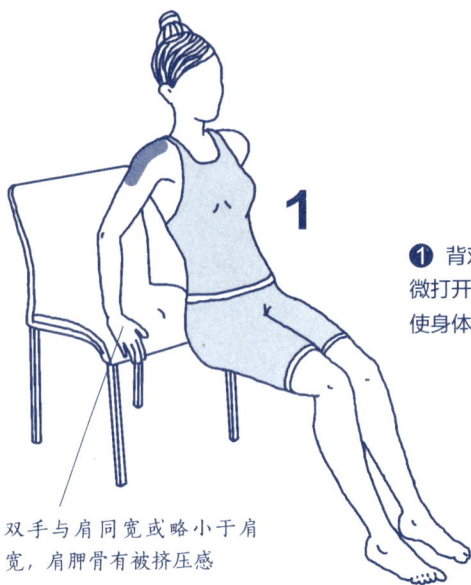

1 背对椅子，膝盖自然弯曲，双脚稍微打开，脚掌着地，手臂往后撑住椅子，使身体悬空，大腿与地面保持平行。

双手与肩同宽或略小于肩宽，肩胛骨有被挤压感

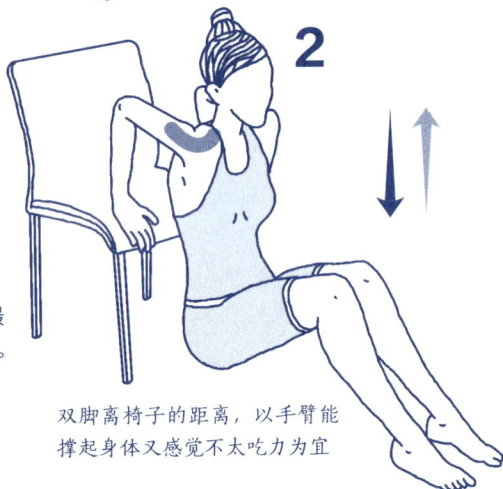

2 弯曲手肘，臀部往下坐至最大限度，然后双臂发力撑起身体。

3 重复以上动作。

双脚离椅子的距离，以手臂能撑起身体又感觉不太吃力为宜

⚠️ **注意事项** 运动时背部、颈部要保持一条直线。

左右跳跃

1

2

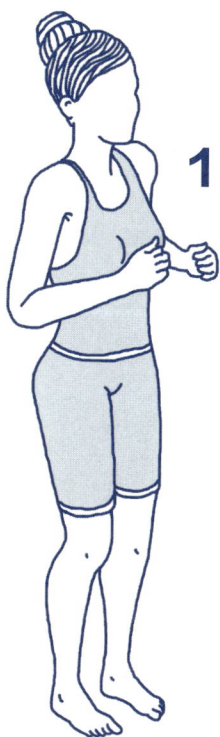

❶ 自然站立，双脚略微打开，双手握空拳，弯曲手肘，使拳头在胸部位置。

❷ 略微弯曲膝盖，双脚左右跳跃。

注意事项

跳跃时要保持节奏，左右水平跳跃。

后弓步高抬腿

轻松瘦大腿，线条更优美

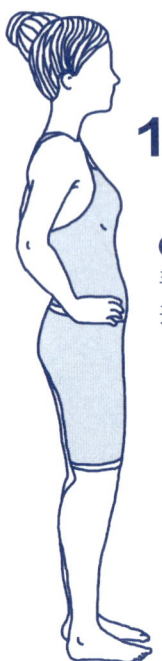

1

❶ 自然站立，双手叉腰，双脚打开与肩同宽。

膝盖尽量抬高

3

❸ 高抬腿：前腿重新站直，然后后腿膝盖向前抬起，高于腰部时放下，恢复站立姿势。

❹ 左右腿互换，重复以上动作。

2

大腿与地面平行

脚趾撑地

❷ 后弓步：一条腿向后迈一大步，另一条腿膝盖弯曲，大腿与小腿呈90度。

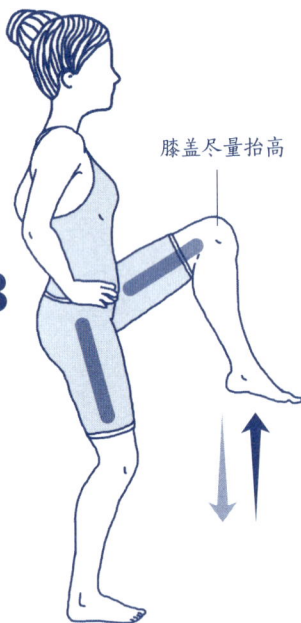

脚掌撑地

注意事项 运动时身体保持笔直；尽可能保持在原地运动。

044

运动难度：★★★

运动方法：**以下动作分2组完成；**
每个动作各做30秒，中间休息10秒

扫码跟着学

原地高抬腿

"抬"走"大象腿"，"抬"走小肚腩

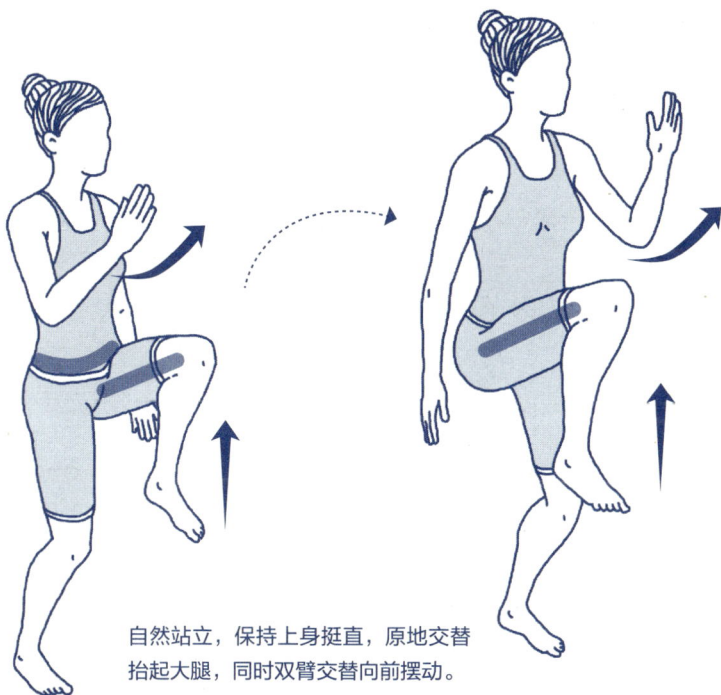

自然站立，保持上身挺直，原地交替
抬起大腿，同时双臂交替向前摆动。

⚠️ **注意事项**　膝盖尽量抬高；抬腿时对侧手臂向上摆动。

十字交叉跳

让脂肪"燃"起来、肚子瘦下来

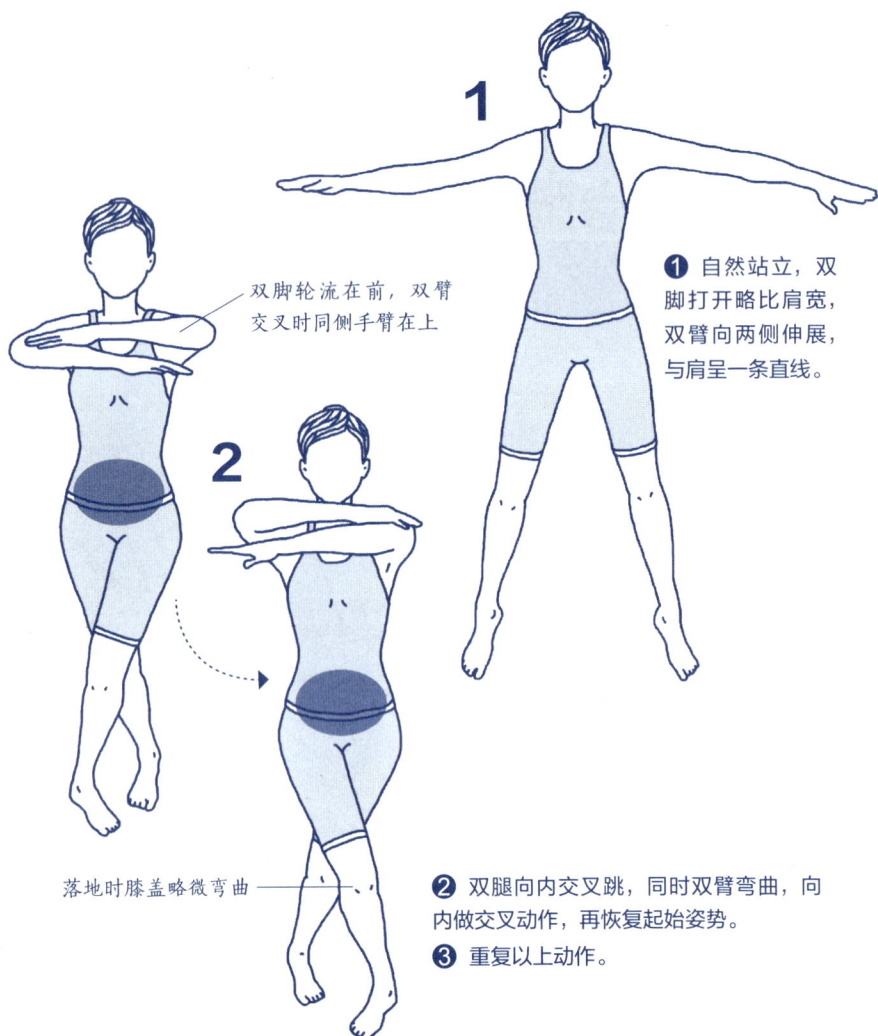

1

双脚轮流在前，双臂交叉时同侧手臂在上

2

❶ 自然站立，双脚打开略比肩宽，双臂向两侧伸展，与肩呈一条直线。

落地时膝盖略微弯曲

❷ 双腿向内交叉跳，同时双臂弯曲，向内做交叉动作，再恢复起始姿势。

❸ 重复以上动作。

⚠ **注意事项**

1. 注意手臂与脚协调。
2. 跳跃时，待身体适应节奏后，跳跃速度可以适当加快。

046

登山式 短时间内减脂最有效的运动之一

❶ 保持俯卧撑撑起姿势。

背部要保持挺直，呈一条直线

一条腿尽可能抬高膝盖，另一条腿绷直

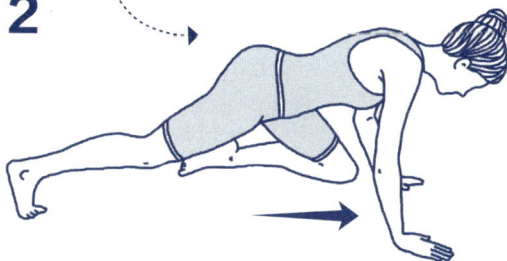

2

❷ 双腿交替将膝盖抬向胸口。
❸ 重复以上动作。

⚠️ **注意事项**

1. 在整个运动过程中，眼睛要看向地面，上身挺直，颈部保持放松状态。
2. 尽可能抬高膝盖。
3. 根据体能状况调整速度。

相扑式蹲体

瘦腿又翘臀，还能改善假胯宽

1

2

下蹲时，膝盖要朝外

❷ 膝盖弯曲向下深蹲，直至大腿与地面平行，然后回到站立姿势。

❸ 重复以上动作。

❶ 自然站立，双脚打开约 1.5 个肩宽，膝盖、脚趾朝外，手肘略微弯曲，向上举至接近头顶正中位置。

⚠ **注意事项** 在整个运动过程中，要挺胸收腹，背部保持挺直。

碰脚开合跳 不用虐腹也能瘦出马甲线

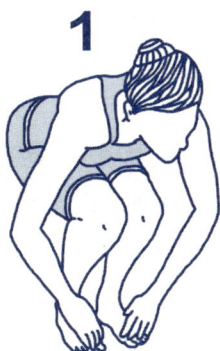

1 自然站立，双腿略
微打开，膝盖弯曲至大
腿与地面平行，然后俯
身，双手手掌触碰脚背，
后背挺直。

2

3

3 双脚落地后，再向内跳
回原来的位置，同时俯身，
双手手掌触碰脚背。

4 重复以上动作。

2 双臂向上伸直，起身站立，
同时双腿向两侧跳。

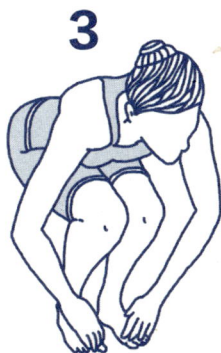

⚠ **注意事项** 向两侧跳时，双腿打开的距离要大于肩宽。

第 **6** 周 燃脂增肌操

运动难度：★★★
运动方法：**以下动作分2组完成；**
每个动作各做30秒，中间休息10秒

扫码跟着学

开合跳 减体重、减腰围、美腿臀、强心肺

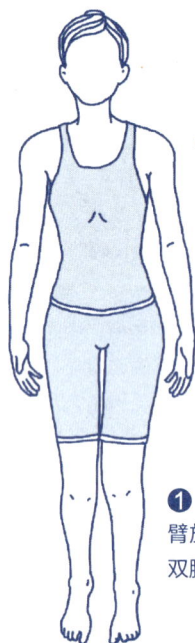

1

2

运动时身体要挺
直，不要驼背

❷ 双脚向外跳，同时双
臂高举过头顶，做拍手动
作（也可以不拍）。双脚
向内跳，放下双臂，回到
起始姿势。
❸ 重复以上动作。

❶ 身体站直，双
臂放在身体两侧，
双脚略微打开。

跳跃时膝盖略微弯曲，
落地时要脚趾先着地

注意事项
1. 膝盖有问题和体重严重超标者不宜进行开合跳。
2. 做开合跳感觉较累的，可先用跨步代替跳跃，再逐渐增加难度。

单臂侧撑体向下转身

胸腹塑形非常棒的动作之一

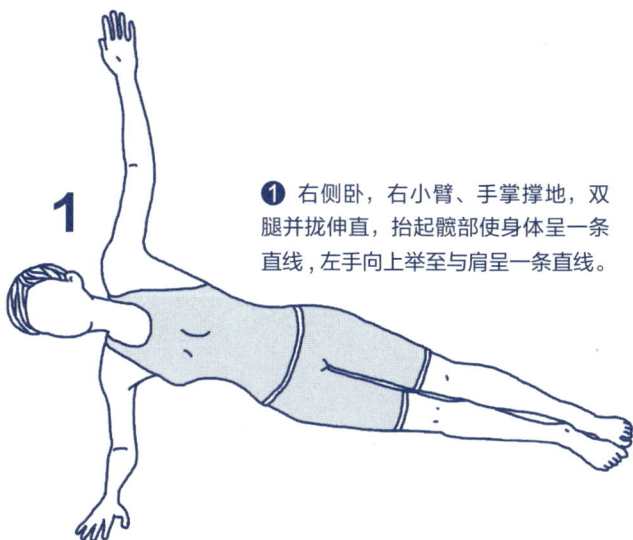

1

❶ 右侧卧，右小臂、手掌撑地，双腿并拢伸直，抬起髋部使身体呈一条直线，左手向上举至与肩呈一条直线。

2

❷ 身体向前旋转，同时左手向下放，并穿过身体下方。当身体即将与地面平行时，身体、左手原路返回，恢复原来的姿势。

❸ 重复以上动作 15 秒，然后改左侧撑，再做转身动作。

⚠ **注意事项**

1. 注意保持腿和臀部稳定，不要向上或向下移动。
2. 转身时肩膀发力，手臂不参与发力。

换腿前踢

增强手、腿、腰腹力量

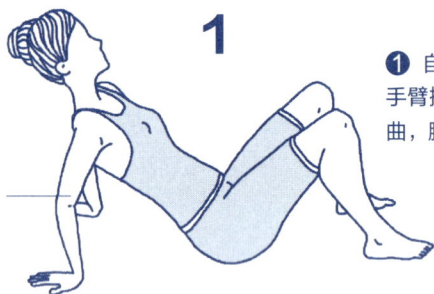

1

① 自然坐姿，身体后仰，手臂撑在肩膀下方，膝盖弯曲，脚掌撑地。

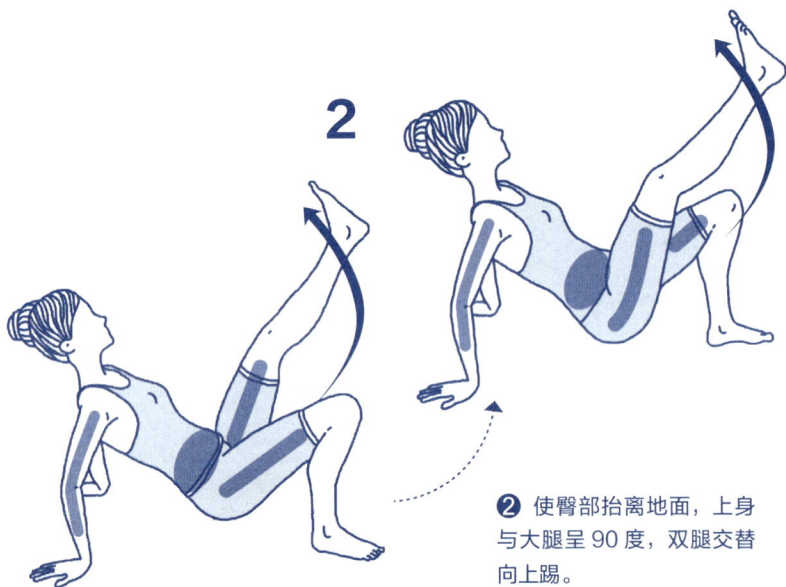

手肘略微弯曲，手指朝后撑地

2

② 使臀部抬离地面，上身与大腿呈90度，双腿交替向上踢。

⚠️ **注意事项**

运动时保持节奏，避免动作不协调。

侧卧折刀式

赶走"大象腿","折"走小肚腩

① 左侧卧，左手手肘弯曲，右手手掌扶住后脑，双腿自然叠放。

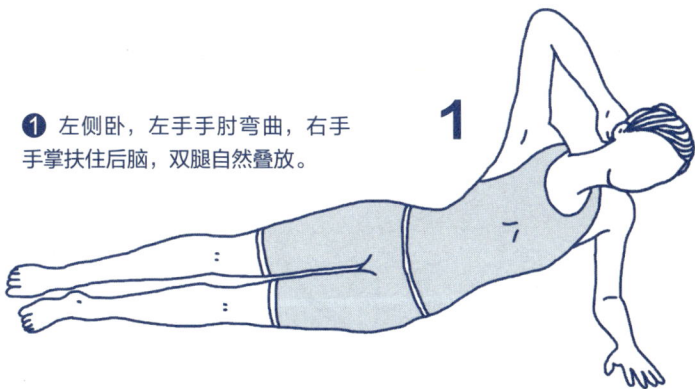

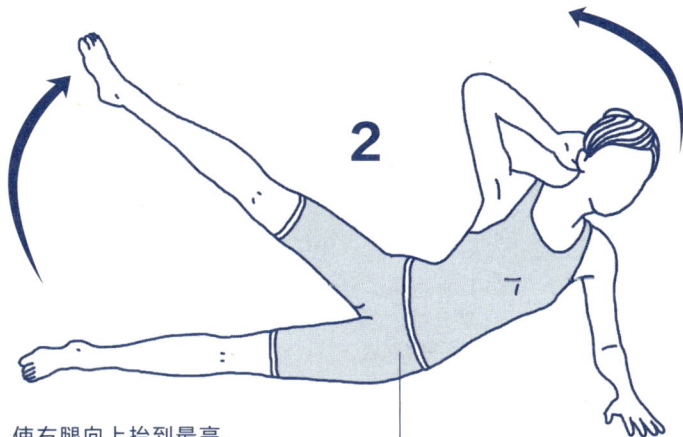

1

2

② 臀部发力，使右腿向上抬到最高，上身向大腿方向弯曲，然后回到步骤**①**的姿势。反复抬腿、弯腰15秒。

③ 换右侧卧做以上动作。

收腹，身体和双腿保持稳定

⚠️ **注意事项** 运动过程中，双腿伸直，缓慢做动作。

蒸汽机式

1

2

3

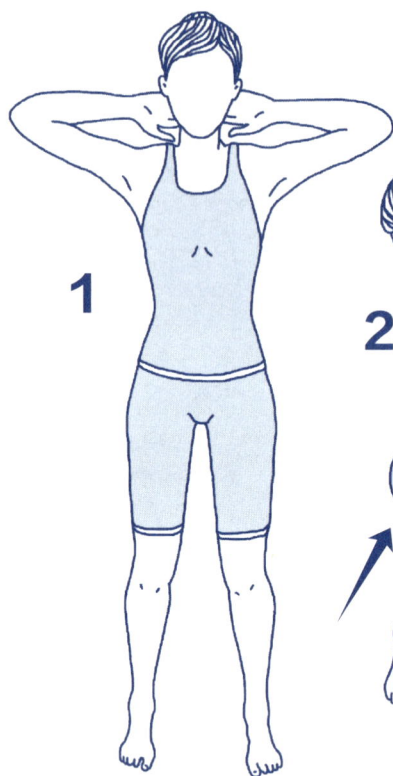

❶ 自然站立，双手放在颈后，双脚打开与肩同宽。

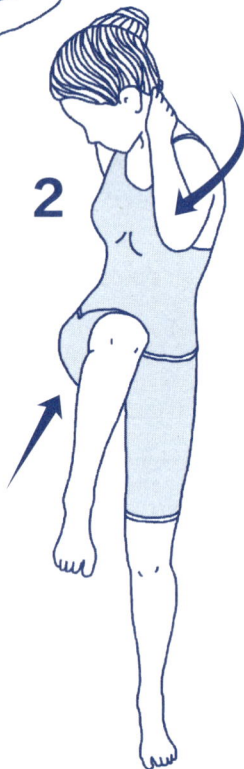

❷ 右膝盖朝胸部方向高高抬起，同时向右俯身，使左手肘尽量靠近右膝盖。

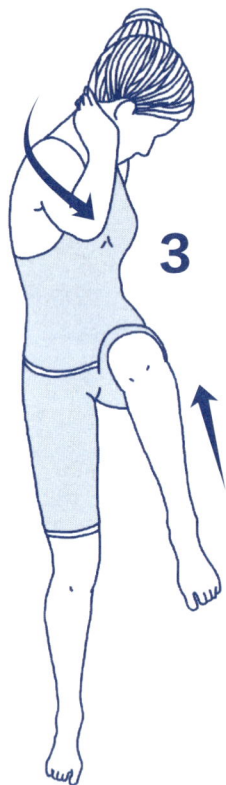

❸ 恢复站姿，换左膝盖与右手肘相互靠近。

❹ 重复以上动作。

⚠ **注意事项** 膝盖尽量抬高，手肘和膝盖尽量相靠。

中级有氧瘦身操

运动难度：★★★★

运动方法：**以下动作分2组完成；**
每个动作各做30秒，中间休息10秒

扫码跟着学

俯式撑体

让腰背、腹部和臀部线条更迷人

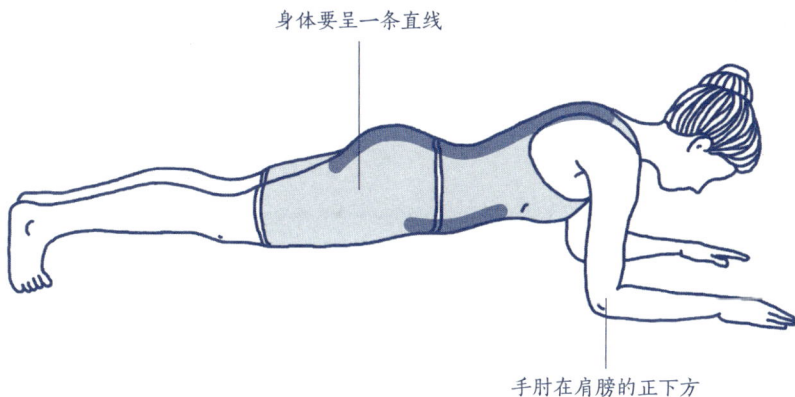

身体要呈一条直线

手肘在肩膀的正下方

俯卧，双手手肘弯曲90度，放在肩膀正下方，小臂、手掌撑地，手指朝前，眼睛看向地面。双脚打开与髋同宽，脚趾撑地，臀部用力，腹部收紧，使身体撑起并呈一条直线。保持撑体动作30秒。

⚠️ **注意事项**
1. 撑体时，避免弓背、塌腰、头抬高或臀部抬高。
2. 自然呼吸，不要憋气。
3. 如果感觉保持有困难，可先膝盖着地支撑，再慢慢加大难度。

仰卧提髋 告别"小肚腩"，挺出娇翘臀

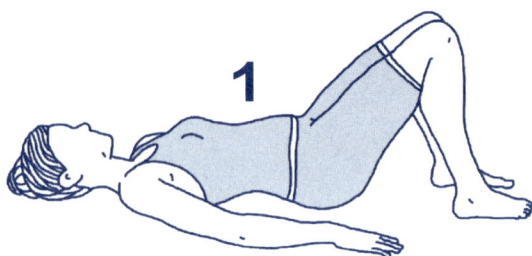

1

❶ 仰卧，背部放松贴于地面，双臂伸直，放在身体两侧，双腿打开与肩同宽，屈膝。

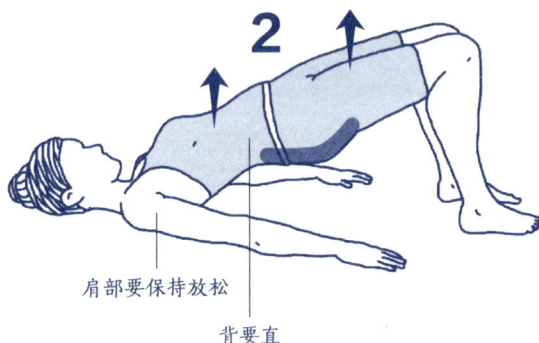

2

❷ 下腹部发力，双臂用力下压，慢慢上挺臀部，使胸腹部与大腿呈一条直线。停留2秒，然后慢慢将臀部下放。

❸ 重复以上动作。

肩部要保持放松

背要直

进阶动作：

可用单腿支撑提髋，双腿交替进行。

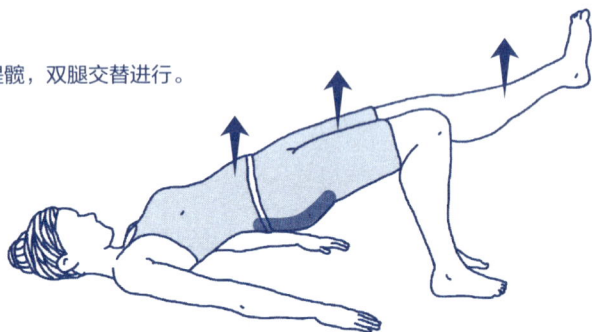

⚠ **注意事项**　动作不要太快，保持呼吸均匀，肩膀放松，背部挺直。

俯卧撑

手臂更有力，肩膀更有型，胸部更挺拔

头颈、后背、臀部、腿部呈一条直线

1

双臂伸直，手指朝前

脚趾撑地

2

1. 先保持俯卧撑撑起姿势。
2. 弯曲手臂，身体下沉，直至胸部靠近地面，手臂发力推起身体。
3. 重复以上动作。

⚠ **注意事项**

1. 在整个运动过程中，要收紧腹部肌肉，挺直身体，避免塌腰、弓背。
2. 做俯卧撑的动作时要有节奏，避免快速下压或推起身体。
3. 可先从膝盖着地俯卧撑做起，然后过渡到全身俯卧撑。

侧身屈臂撑体

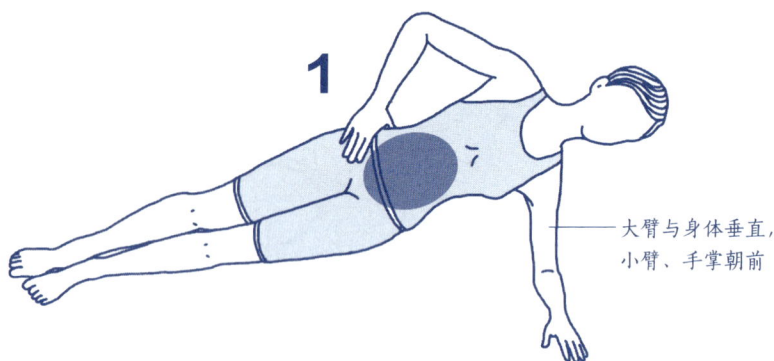

大臂与身体垂直，
小臂、手掌朝前

① 侧卧，一手叉腰，另一手手肘弯曲 90 度，放在肩膀正下方，小臂、手掌撑地，将身体抬起，肩膀、臀部、腿部呈一条直线，双脚自然叠放。

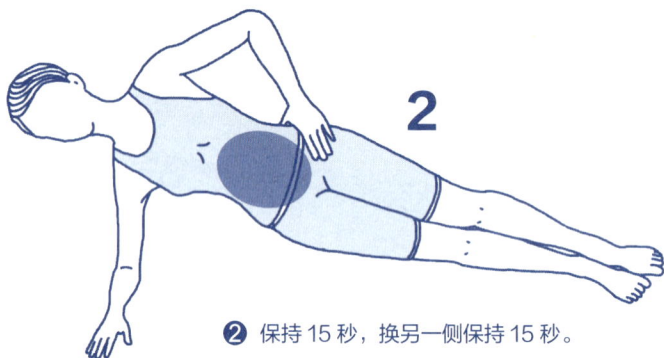

② 保持 15 秒，换另一侧保持 15 秒。

进阶动作：

可收紧腹部，做腰部下沉、抬起动作。

⚠ **注意事项**　如果觉得比较难，可先膝盖略弯曲，靠在地上，再逐渐抬起双膝。

波比跳

公认的最强脂肪"杀手"

1 起始姿势：自然站立，双脚略打开，下蹲至膝盖弯曲 90 度，然后俯身，双臂伸直撑在双膝两侧。

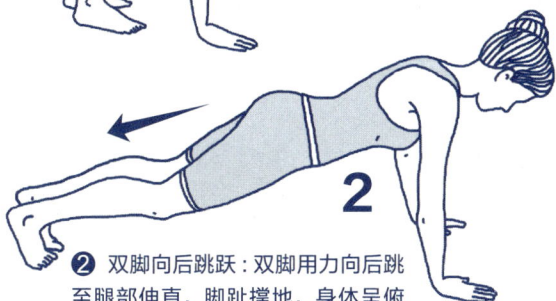

2 双脚向后跳跃：双脚用力向后跳至腿部伸直，脚趾撑地，身体呈俯卧撑撑起姿势。

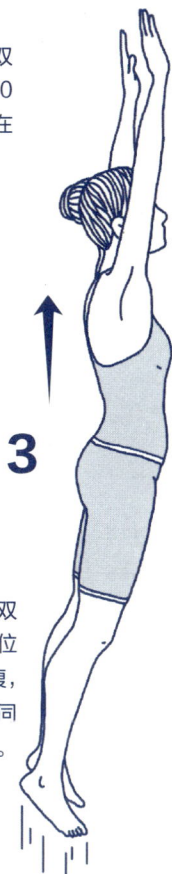

3 向上跳跃：双脚跳回原来的位置，然后收紧小腹，身体向上跳起，同时手臂向上伸直。

4 落地后回到起始姿势，并重复以上动作。

进阶动作：

可增加一个俯卧撑的动作再向上跳跃。

⚠️ **注意事项**　刚开始可用站立取代跳跃，再逐渐加大难度。

增强式燃脂操

运动难度：★★★★★

运动方法：**以下动作分2组完成；
每个动作各做30秒，中间休息10秒**

扫码跟着学

星形俯卧撑　　全身锻炼，高效燃脂

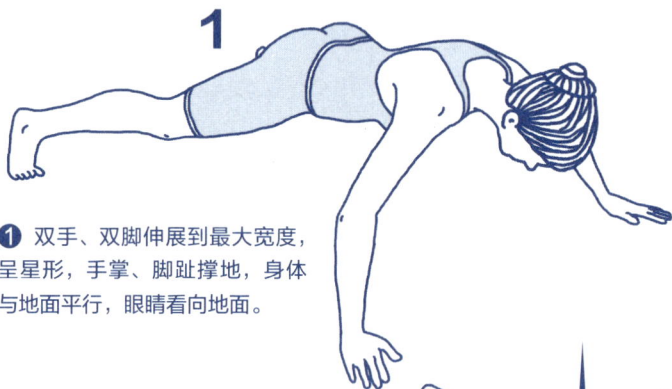

1

❶ 双手、双脚伸展到最大宽度，
呈星形，手掌、脚趾撑地，身体
与地面平行，眼睛看向地面。

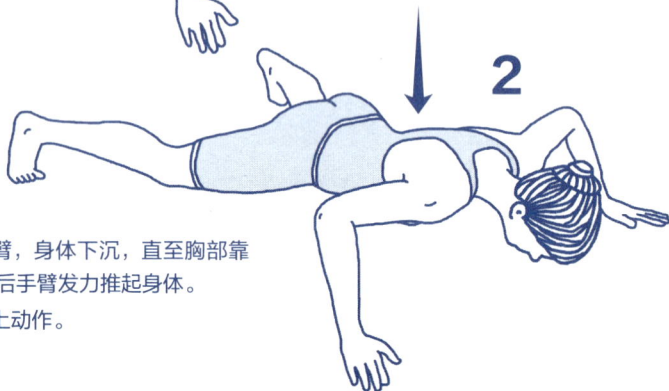

2

❷ 弯曲手臂，身体下沉，直至胸部靠
近地面，然后手臂发力推起身体。
❸ 重复以上动作。

⚠ **注意事项**　在整个运动过程中，身体要保持笔直。

俯卧侧转

1

伸展的手臂
要与肩呈一
条直线

❶ 先保持俯卧撑撑起姿势，然后弯曲手臂，身体下沉，直至胸部靠近地面，手臂发力推起身体。

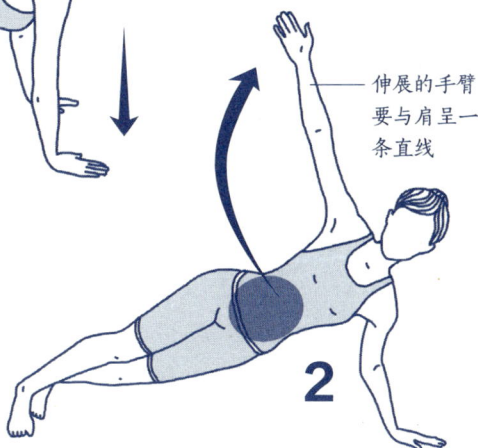

2

❷ 单臂撑地，另一只手臂向外、向上伸直，同时带动身体侧转，使身体和手臂呈 T 形。侧转的身体和手臂原路返回。

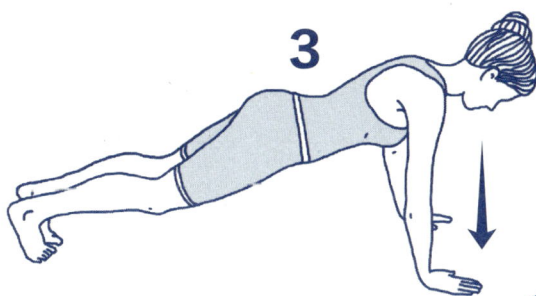

3

4

❸ 恢复俯卧撑撑起姿势，换另一侧手臂做转体动作。

❹ 左右交替，重复以上动作。

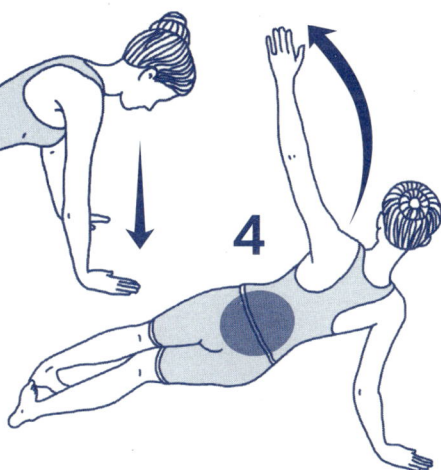

⚠ **注意事项**　如果觉得比较难，可先膝盖着地支撑，再慢慢加大难度。

脉冲蹲体

甩掉脂肪，练出性感翘臀

1

❶ 自然站立，双腿打开约 1.5 个肩宽，脚趾稍微朝外，然后下蹲至大腿与地面平行，同时身体前倾，双臂向前伸直与肩同高。

2

3

先稍微抬起臀部，然后下蹲，给臀部蓄力

❷ 稍微抬起臀部，然后下蹲。重复这个动作 3 次。

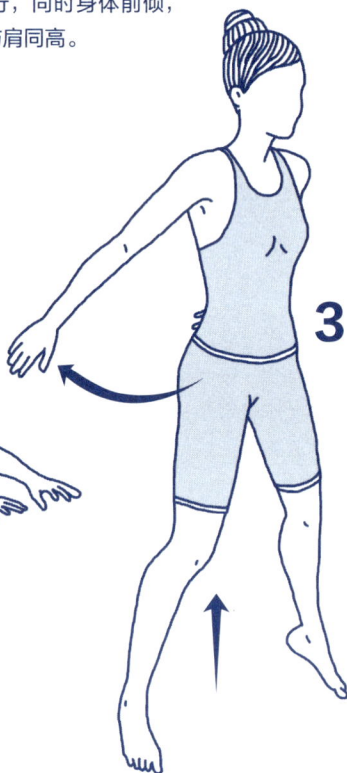

❸ 在第 3 次下蹲后，臀部发力，使身体向上跳至腿部伸直，同时双臂向后摆动。落地时回到起始姿势。

❹ 重复以上动作。

⚠ **注意事项**　抬起臀部和下蹲之间的动作幅度不要太大。

跳跃抱腿

增强下肢力量，快速燃烧卡路里

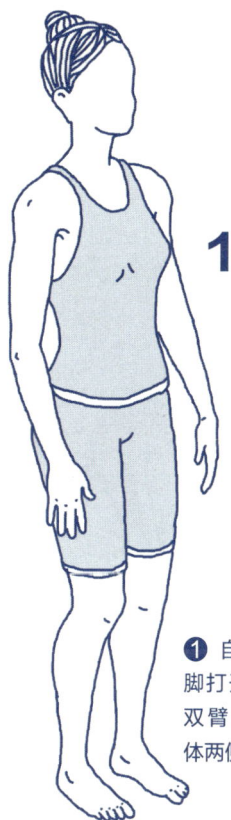

1

2

双手碰同侧外膝盖，就像双手抱膝

❶ 自然站立，双脚打开与髋同宽，双臂自然放在身体两侧。

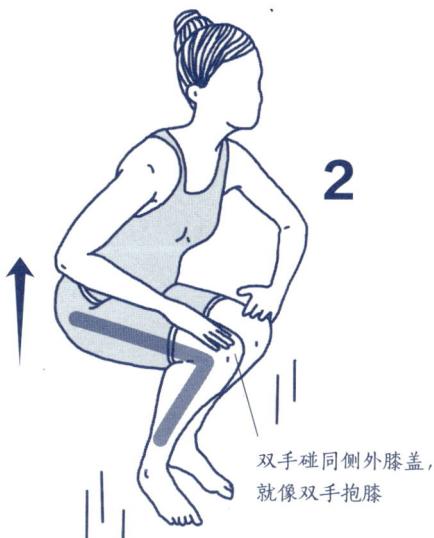

❷ 弯曲膝盖，向上跳跃，同时身体稍微前倾，手臂抬起并触碰同侧外膝盖。落地时回到起始姿势。

❸ 重复以上动作。

⚠ 注意事项

1. 向上跳跃时，膝盖尽可能抬高，靠向胸部。
2. 落地时膝盖稍微弯曲，起到缓冲作用，保护膝盖。

撑体开合跳

手臂更有力，腹部更紧致，臀腿更优美

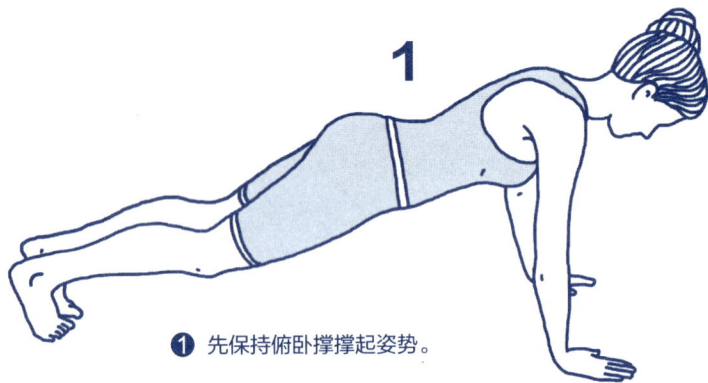

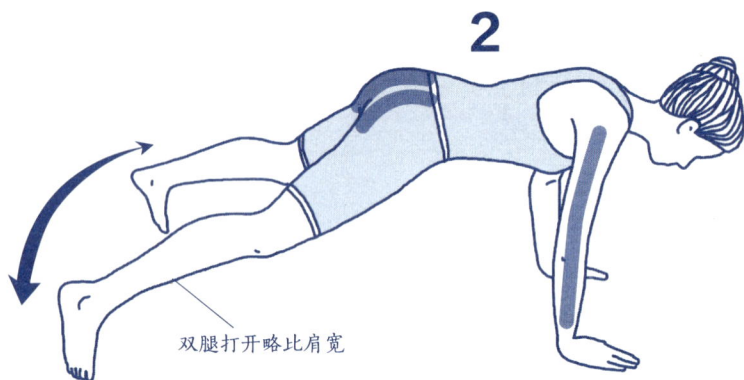

1

① 先保持俯卧撑撑起姿势。

2

双腿打开略比肩宽

② 然后双腿向两侧打开跳，前脚掌着地后再向内跳，合并双脚。

③ 重复以上动作。

注意事项

1. 双腿向两侧打开跳时，打开的距离要宽于肩部。
2. 绷紧腰腹，不塌腰，不弓背，肩膀不前后晃动。

单臂平板蛙跳

双手更有力，臀部更紧致

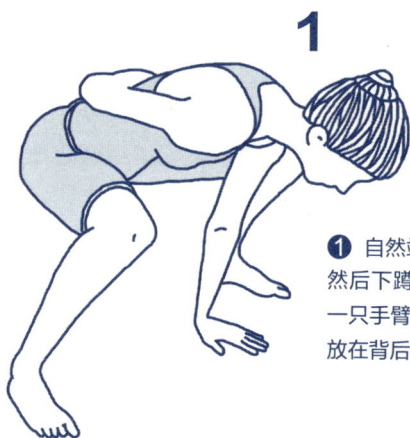

1

❶ 自然站立，双脚打开约 2 个肩宽，然后下蹲至大腿与地面平行。俯身，一只手臂伸直撑地，另一只手臂屈肘放在背后，眼睛看向地面。

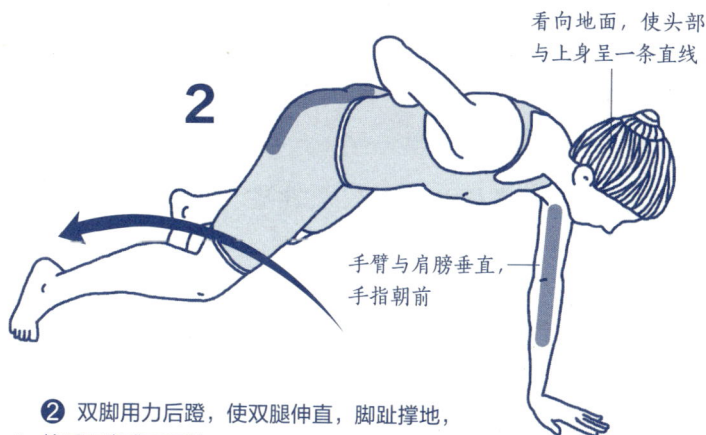

看向地面，使头部与上身呈一条直线

2

手臂与肩膀垂直，手指朝前

❷ 双脚用力后蹬，使双腿伸直，脚趾撑地，然后双脚跳回原处。

❸ 换另一只手臂支撑，重复以上动作。

⚠ **注意事项** 如果觉得动作难，可先双臂支撑蛙跳。

8周**减肥瘦身**饮食计划

想要瘦，既要"迈开腿"，又要"管住嘴"。在这8周里，你需要给自己的饮食做个计划表。

第1周：拉黑囤肉食物

也许，你的餐桌里有不少减肥的拦路虎，你需要将它们"拉黑"：

× 零食：糖果、糕点、蜜饯、薯片、辣条、干脆面……

这些零食吃起来美滋滋，但它们实实在在给你囤肉。

忍不住想吃零食怎么办？你需要：

◎ **"眼不见为净"**：不囤零食。将已经买了的零食送给需要的亲朋好友。如果家人买了，请他们藏到你看不见的地方。

◎ **肚子饱**：三餐吃得均衡、营养，增加有饱腹感食物的摄入，不要为了减肥而吃得很少。

◎ **"偷梁换柱"**：用健康的零食，如酸奶、低糖水果、少量坚果等，代替不健康的零食。

× 过油的食物：红烧肉、烤串、炸鸡腿、油条、煎饺、水煎包、麻辣香锅……

这些食物很香、很美味，但它们却让你变得"肉嘟嘟"的。

面对诱惑，如果忍不住则需要：

◎ 偶尔打打牙祭，但要相应减掉主食的量。

◎ 总是想吃，你需要变一变，让它们变得少油——用瘦肉代替肥肉，用清炒、蒸煮代替炸、烤。

× 饮料：奶茶、碳酸饮料、果汁类饮品……

喝起来很爽，减掉它们囤的肉却很难！

想喝点儿东西？你更需要白开水、柠檬水（不加糖）、清茶、纯果汁（不加糖）、蔬菜汁。

还有一些不好的饮食习惯，你也需要"拉黑"。

× 不吃早餐

饿会影响代谢，导致你更容易吃零食。或者午餐、晚餐吃得多，让你根本瘦不下来。

想瘦下来，更应坚持吃早餐，还要吃好吃饱。

◎ 建议在6点30分—8点吃早餐，用餐时间以15~20分钟为宜，且最好安排在起床后20~30分钟吃。

◎ 碳水化合物、蛋白质、膳食纤维、维生素等缺一不可。

早餐应有食物	
食物种类	食物推荐
粗杂粮 + 坚果 （碳水化合物来源）	紫米面馒头、玉米面馒头、高粱面馒头、小米窝窝头、包子、馄饨、燕麦等
肉蛋奶类 （优质蛋白质供给）	牛奶、豆浆、鸡蛋、鸡肉、豆制品等
蔬菜水果 （提供膳食纤维、维生素、矿物质等）	莜麦菜、小油菜、苹果、橘子、猕猴桃等

× 暴饮暴食

这个习惯不仅会让你变胖，还会打乱正常的饮食规律，伤害你的肠胃。

不论是否减肥，你都需要改掉暴饮暴食的坏习惯。

◎ 三餐定时定量：吃饭时间尽量固定，每次吃七分饱。

◎ 少食多餐：尽量规律饮食，若错过了饭点，感觉很饿了，这时千万不要一次性吃太饱，可少食多餐，先吃点东西垫垫肚子，到吃饭的时间再正常饮食。

× 吃夜宵

睡觉之前再来一顿，既伤胃肠又囤肉。

想要瘦，你需要把夜宵戒掉。

◎ 晚餐吃七分饱，肚子里有"料"，就不容易被夜宵诱惑。

◎ 晚上 7 点之后不要再吃东西，如果实在想吃，就来一杯富含膳食纤维的蔬菜汁。

第2~3周：要吃得"更好"

前面一周，"很艰难"地拉黑了那些囤肉的"美味"，改掉了那些不好的习惯，到了第2~3周，你需要重新搭配每天的餐食，让自己吃得"更好"。吃得好，身体代谢快，脂肪消耗也快，才能瘦下来。

调整饮食结构

在减肥期间可参照"中国居民平衡膳食宝塔"来搭配每天的餐食。

中国居民平衡膳食宝塔图解（2022）

盐	<5 克
油	25~30 克
奶及奶制品	300~500 克
大豆及坚果类	25~35 克
动物性食物	120~200 克
——每周至少2次水产品	
——每天一个鸡蛋	
蔬菜类	300~500 克
水果类	200~350 克
谷类	200~300 克
——全谷物和杂豆 20~150 克	
薯类	20~100 克
水	1500~1700 毫升

分配好三餐和加餐

想要瘦，就要管住嘴，严格控制热量的摄入。你需要算一算一天需要的总热量，然后将其分配到一日三餐和加餐当中。

根据体重和劳动强度计算每日需要的总热量

每日所需总热量计算方法：每日所需总热量（千卡）＝标准体重（千卡）× 每日所需热量（千卡／千克标准体重）。

不同劳动强度每日所需热量				
劳动强度	举例	每日所需热量（千卡／千克标准体重）		
		消瘦体重者	正常体重者	肥胖体重者
卧床休息		20~25	15~20	15
轻体力劳动	教师、办公室管理员、售货员、钟表修理工	35	25~30	20~25
中体力劳动	学生、司机、电工、外科医生、体育活动	40	35	30
重体力劳动	农民、建筑工、搬运工、伐木工、冶炼工、舞蹈者	45~50	40	35

注：在营养学中，1 千卡 =4.1855 千焦。

分配好三餐和加餐的热量比例

一日三餐的分配主要有两种方式：一是按 1/5、2/5、2/5 的比例进行分配；二是根据个人的饮食习惯三餐等量分配。每日进餐总量和三餐分配相对固定。如果有加餐，应从上一餐的总热量中减去加餐所产生的热量。

总热量与主食量对应表			
每日所需总热量（千卡）	主食量（克）	每日所需总热量（千卡）	主食量（克）
1200	150	1800	300
1300	175	1900	325
1400	200	2000	350
1500	225	2100	375
1600	250	2200	400
1700	275		

每日副食品种及用量	
食物种类	用量
蔬菜	500 克
瘦肉	100~150 克
蛋类	1 个鸡蛋（每周 3~5 个）
豆制品	50~100 克（每周 2~7 次）
奶制品	250 克
水果	200 克
油脂	25 克

不同热量的饮食方案参考

每日所需总热量	餐次	配餐
1200~1300 千卡	早餐	馒头（面粉 50 克），牛奶 250 克，煮鸡蛋 1 个，清炒蒜薹（蒜薹 125 克、植物油 4 克）
	午餐	二米饭（大米 25 克、紫米 25 克），爆炒双萝卜（火腿 20 克、白萝卜 100 克、胡萝卜 20 克、植物油 4 克），小油菜豆腐汤（小油菜 100 克、豆腐 50 克、海米 5 克、笋片 10 克、蘑菇片 5 克、植物油 4 克）
	晚餐	二米面发糕（大米 25 克、小米 25 克），肉片炒香菇（瘦肉 50 克、鲜香菇 100 克、青椒 20 克、植物油 4 克），魔芋烧青椒（魔芋 35 克、青椒 50 克、胡萝卜 50 克、植物油 4 克）
1400~1500 千卡	早餐	烙饼 65 克，豆浆 300 克，煮鸡蛋 1 个，拌白菜心（大白菜心 100 克、香油 2 克）
	午餐	馒头 65 克，葱烧兔肉（葱 30 克、兔肉 100 克、植物油 5 克），油菜汤（油菜 150 克、植物油 3 克）
	晚餐	大米饭 65 克，小米粥 20 克，清炖鲢鱼（鲢鱼 80 克、植物油 3 克），韭菜炒海米（韭菜 250 克、海米 5 克、植物油 3 克）
1600~1700 千卡	早餐	红小豆大米发糕（红小豆 25 克、大米 60 克），牛奶 220 克，洋葱炒鸡蛋（洋葱 100 克、鸡蛋 1 个、植物油 4 克）
	午餐	馒头（面粉 85 克），肉炒茄子（瘦猪肉 50 克、茄子 150 克、植物油 4 克），紫菜圆白菜汤（圆白菜 50 克、紫菜 10 克、植物油 4 克）

每日所需总热量	餐次	配餐
	晚餐	大米饭（大米 85 克），炒白萝卜（白萝卜 100 克、植物油 4 克），猪肉炒冬笋（瘦猪肉 50 克、冬笋 100 克、植物油 4 克）
	加餐	草莓 60 克
1800~1900 千卡	早餐	葱花饼（面粉 100 克），牛奶 220 克，香肠拌青椒（青椒 100 克、瘦肉香肠 20 克、香油 3 克）
	午餐	大米饭（大米 100 克），肉炒萝卜春笋（瘦猪肉 50 克、胡萝卜 50 克、春笋 150 克、植物油 4 克），鸡蛋紫菜汤（鸡蛋 1 个、紫菜 5 克、香油 4 克）
	晚餐	大米饭（大米 100 克），炒芥蓝莴笋（芥蓝 150 克、莴笋 100 克、植物油 4 克），豆腐菠菜汤（菠菜 100 克、南豆腐 150 克、植物油 4 克）
	加餐	苹果 50 克
2000~2100 千卡	早餐	二合面发糕（面粉 80 克、玉米面 40 克），豆浆 250 克，煮鸡蛋 1 个，素炒油菜（油菜 100 克、香油 4 克）
	午餐	花卷（面粉 120 克），五香兔肉（兔肉 100 克、青椒 30 克、植物油 5 克），炒青椒瓜片（西葫芦 100 克、青椒 100 克、植物油 3 克）
	晚餐	大米饭（大米 80 克），小米粥（小米 40 克），清炒莴笋胡萝卜（莴笋 100 克、胡萝卜 50 克、植物油 4 克），草鱼丝瓜煲（草鱼 80 克、丝瓜 100 克、植物油 4 克）
	加餐	草莓 50 克

第 4~6 周："查缺补漏"和晚餐"减肥"

经过前面几周的调整，你应该适应了新的饮食节奏，此时你还需要时不时"查缺补漏"，适当给晚餐"减肥"，让你的饮食更适合减肥。

你的午餐健康吗？

午餐"承上启下"，在三餐中尤为重要，吃错了就可能招肉上身。

× **只吃碳水**→各种面条、汤粉，土豆丝配米饭、香芋配米饭，馒头蘸酱……

单一的饮食结构更容易激发体内的饥饿素，加上精制碳水很容易消化，让你刚吃饱没多久又觉得饿。

× **洋快餐或简单对付**→汉堡、烧饼夹肉、三丝卷饼……

这些食物热量很高，你需要耗费更多的时间去消耗它们。如果消耗得不够，它们就变成你身上的肉肉了。

那减肥人的午餐要怎么吃？

√ **粗细粮搭配着吃**

大米饭或馒头，搭配燕麦、糙米、薯类等。

√ **增加优质蛋白质**

白灼、清炒或清蒸的虾、鸡肉、瘦牛肉、鱼、豆制品等。

√ **多吃膳食纤维**

清炒或水煮的芹菜、蒜薹、生菜、荷兰豆、西蓝花、圆白菜、豇豆等。

想要瘦，晚餐也要"减肥"

晚餐吃得太多、太晚，无疑是在增肥。但不吃晚餐会让你觉得饿，更容易引诱你吃零食。所以想要瘦，你需要一份"瘦"版的晚餐。

◎**晚餐要早吃**：建议安排在 17—19 点。

◎**晚餐要少吃**：只吃七分饱；少吃主食；主食少吃大米饭、粥、馒头等精制米面，用糙米饭、燕麦等粗粮代替。

◎**以优质蛋白质、膳食纤维为主**：鱼肉、瘦肉等肉类，以及芹菜、菠菜、圆白菜、西蓝花、豆角等蔬菜，是晚餐的主角。

◎**晚餐做法要清淡**：少油、少盐、不加糖。

◎**晚餐后不要吃零食**：零食及奶茶、咖啡等饮料，都要拉黑。

第 7~8 周：你可能需要"饿"了

经过前面几周的调整，你已经进入稳定的适应期了。要想瘦得快，必须减少热量的摄入。从第 7 周开始，你需要适当地节食了。

从减少加餐开始

如果你之前就习惯了加餐，那你需要循序渐进地取消它。

◎ 逐渐减少加餐的量，从"酸奶 + 水果"减到 1 种，然后减半，最后取消加餐。

◎ 从每天 2 次加餐，减少到 1 次，再逐渐到没有加餐。

每餐少吃一点儿主食

取消了加餐，你需要对主食"下手"。

◎ 先从晚餐开始，每餐少吃 1~2 勺，过渡到每餐少吃一半。

◎ 减少早餐、午餐里的细粮，用粗粮代替，增加饱腹感，让你在不知不觉中少吃。

适当轻断食

网传每周轻断食 2~3 天，能瘦得更快。《中国肥胖预防和控制蓝皮书》里也有明确说明，这种方法有益于体重控制和代谢改善，但容易导致营养代谢紊乱。如果你进入了瓶颈期，且在前面几周节食成功，可适当尝试轻断食。

先从一周轻断食 1 天开始，慢慢过渡到一周轻断食 2 天（非连续）。先从摄取平时膳食 3/4 的热量开始，逐渐过渡到摄取平时膳食 1/4 的热量。

工作日正常饮食，周末轻断食，对于那些无法在工作日坚持断食的人来说是比较合适的选择。

刚开始轻断食，你可能会觉得饿，这时做一些自己喜欢的事情转移注意力，坚决抵制零食的诱惑。注意，轻断食要循序渐进，不要一下子饿得太猛，以免导致暴饮暴食，反而伤胃又囤肉。

第二章

每天7分钟，
专注局部，想练哪里就练哪里

哪里都不胖，就是肚子上肉嘟嘟的；

小腿很苗条，大腿却很粗壮；

体重不重，就是看起来虎背熊腰的……

这些都不是事儿！你只需要——

练起来！哪里不满意就练哪里！

每天7分钟，坚持1个月，有惊喜哦！

肩部训练，打造完美"倒三角"

肩部训练1：改善圆肩驼背

运动难度：★

运动方法：**以下动作分2组完成；**
每个动作各做60秒，中间休息10秒

扫码跟着学

扩胸 开肩美背，挺拔胸部，改善含胸驼背

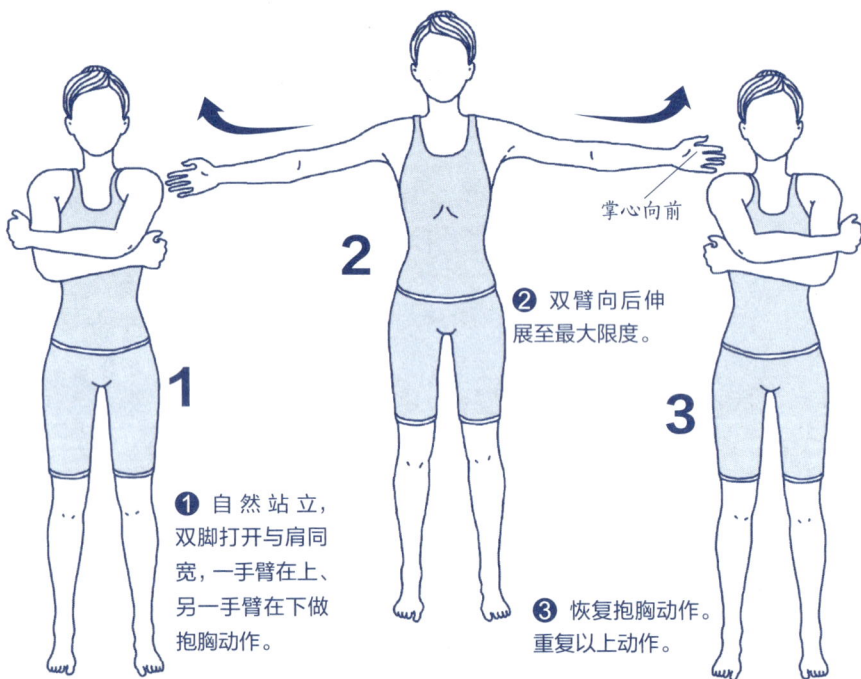

2

② 双臂向后伸展至最大限度。

掌心向前

1

① 自然站立，双脚打开与肩同宽，一手臂在上、另一手臂在下做抱胸动作。

3

③ 恢复抱胸动作。重复以上动作。

⚠️ **注意事项** 运动时，动作要缓慢，以免拉伤。

1

2

手指朝下，
触摸肩胛骨中间

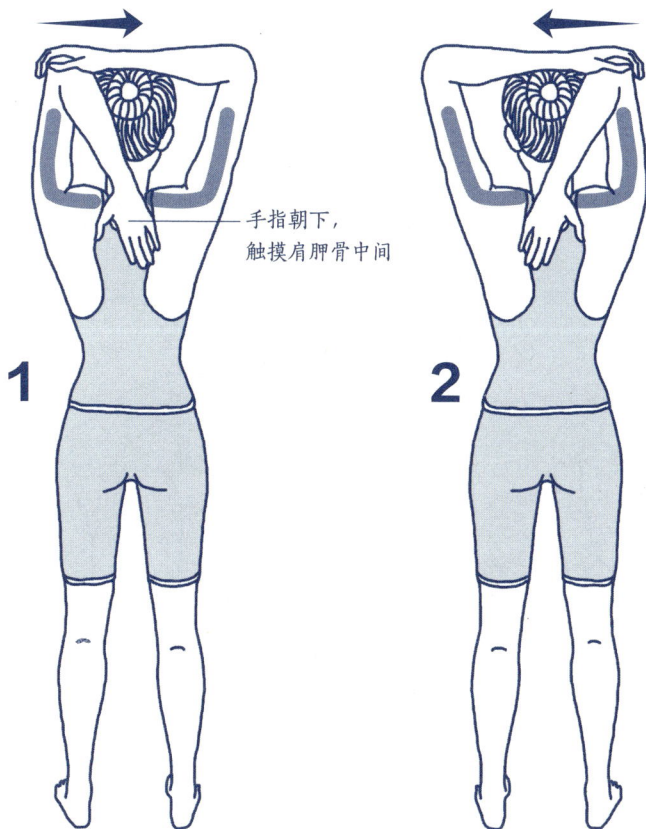

❶ 自然站立，双脚打开与肩同宽，左手向上伸直，然后弯曲手肘，手掌触摸两块肩胛骨中间。右手小臂越过头顶，轻轻朝右拉左臂手肘，直至有拉伸感。保持 15 秒。

❷ 换左手拉右手。

❸ 左右交替，重复以上动作。

⚠ **注意事项**　运动时，动作要缓慢，以免拉伤。

坐立侧倾 拉伸肩颈，改善肩颈僵硬疼痛

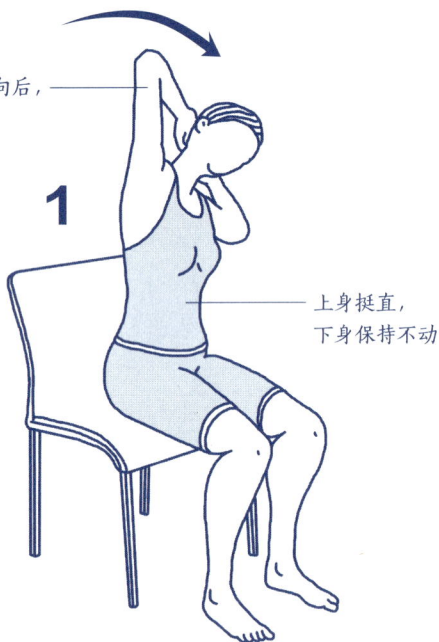

手肘在头部两侧，稍微向后，使肩胛骨有挤压感

1

上身挺直，下身保持不动

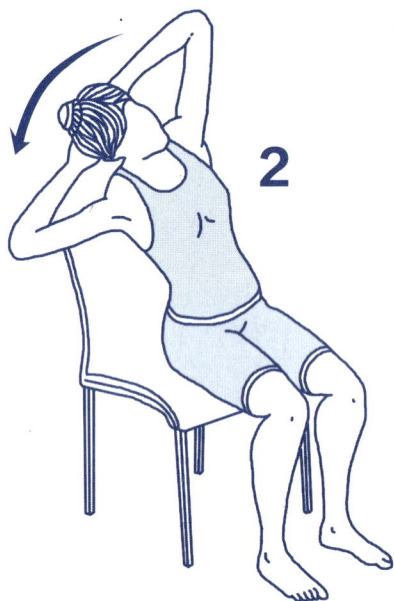

2

❶ 笔直坐在椅子上，双手手掌放在颈后，肩膀慢慢向一侧弯曲，直至感觉肩部、腰部拉伸。

❷ 慢慢向另一侧弯曲。

❸ 重复以上动作。

⚠️ **注意事项**
1. 手掌放在颈后时，手肘要稍微向后，让肩胛骨有挤压感。
2. 向侧面弯曲时速度要慢一些。

肩部训练2：肩膀变瘦变美

运动难度：★★★

运动方法：**以下动作分3组完成；**
每个动作各做40秒，中间休息10秒

扫码跟着学

俯卧抬手   松松肩，练练手

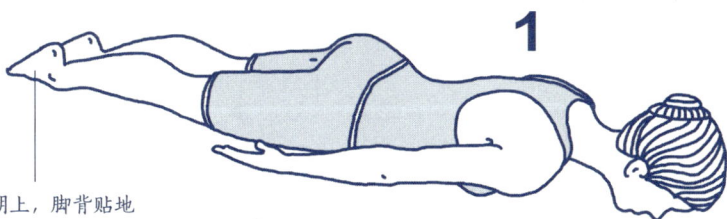

1

脚心朝上，脚背贴地

❶ 俯卧，收腹，脚背贴地，双臂放在
身体两侧，手心朝上。

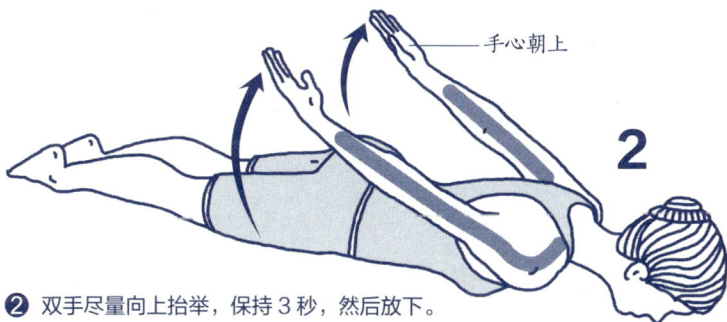

手心朝上

2

❷ 双手尽量向上抬举，保持3秒，然后放下。
❸ 重复以上动作。

进阶动作：

抬手的同时也抬脚，能让腹部肌肉更紧实。

⚠️ **注意事项**   手心朝上，尽量向上抬手臂，让肩胛骨有挤压感。

桌式仰卧触脚 瘦肩，瘦手臂，瘦肚子

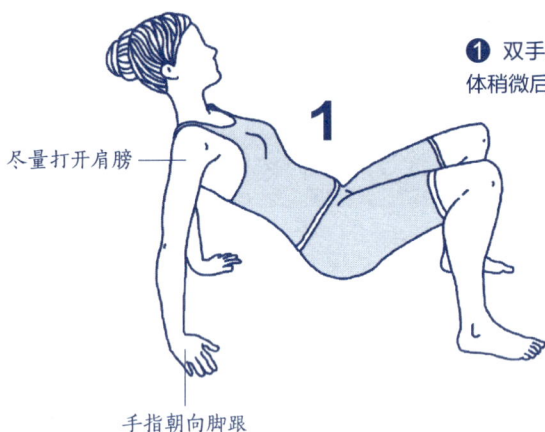

❶ 双手撑地，屈膝，身体稍微后仰，抬起臀部。

尽量打开肩膀

1

手指朝向脚跟

腿尽量伸直，抬到腹部以上

❷ 右脚向上抬起，同时左手抬起，用左手手指触碰右脚脚尖。

3

2

❸ 恢复❶的姿势，然后左脚向上抬起，用右手手指触碰左脚脚尖。

❹ 重复以上动作。

⚠ **注意事项** 双手往后撑时，尽量打开肩膀，臀部尽量抬高。

上推举

1

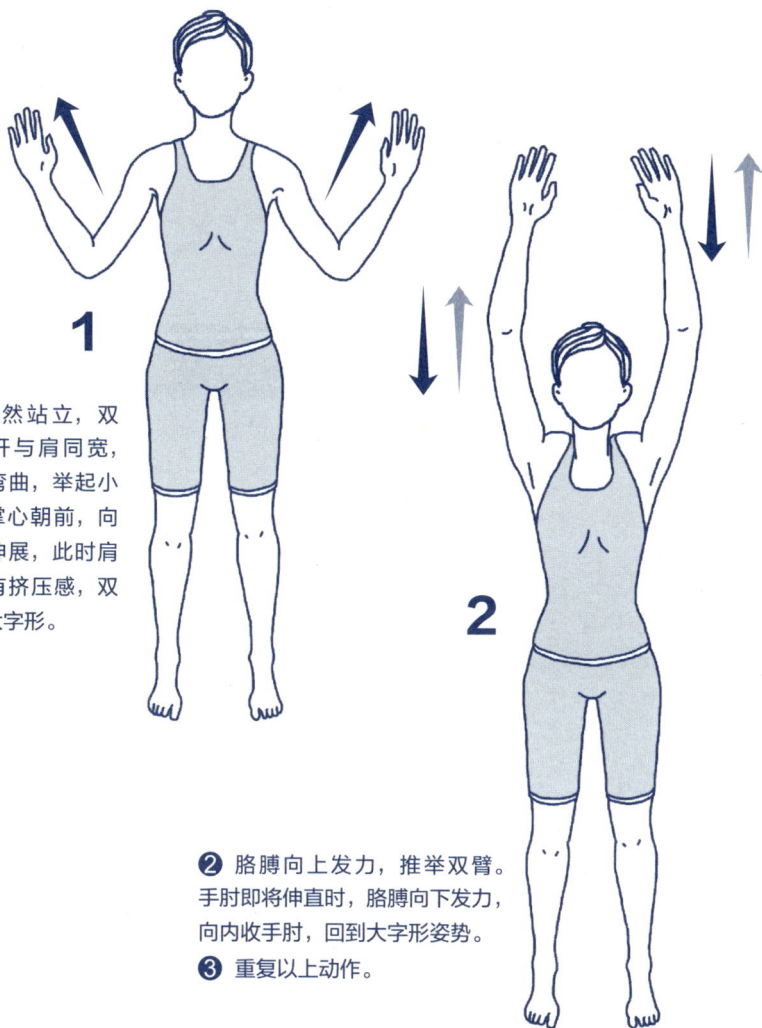

❶ 自然站立，双脚打开与肩同宽，手肘弯曲，举起小臂，掌心朝前，向两侧伸展，此时肩胛骨有挤压感，双臂呈大字形。

2

❷ 胳膊向上发力，推举双臂。手肘即将伸直时，胳膊向下发力，向内收手肘，回到大字形姿势。

❸ 重复以上动作。

⚠️ **注意事项**　在能够控制双臂的情况下加快推举的速度。

背部训练，塑造完美背影

背部训练1：背部"扭扭乐"

运动难度：★★

运动方法：**以下动作分3组；**
每个动作各60秒，中间休息10秒

扫码跟着学

弓步侧转 不容错过的练肩练背动作

❶ 自然站立，右腿向后绷直，脚趾撑地，左腿膝盖弯曲90度，同时双臂伸直撑在左腿两侧，然后肩背发力，带动胸腹向左旋转，同时左臂向上伸直，与肩膀呈一条直线，眼睛看向左手指尖，保持1~2秒。

后腿绷直，
脚趾撑地

手臂伸直，
与肩膀呈一条直线

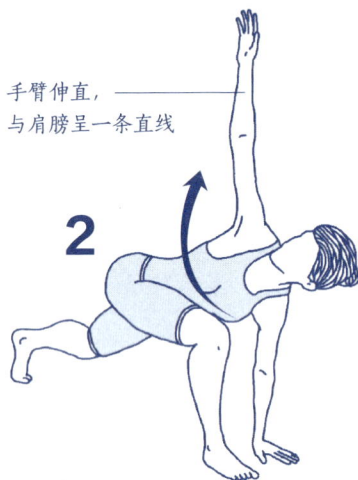

❷ 转回身体，放下手臂，然后站直，前后腿互换位置，身体向右旋转。

❸ 左右交替，重复以上动作。

注意事项 运动时注意保持节奏，动作不要太快。

仰卧侧转 肩部、腹部线条变得更加迷人

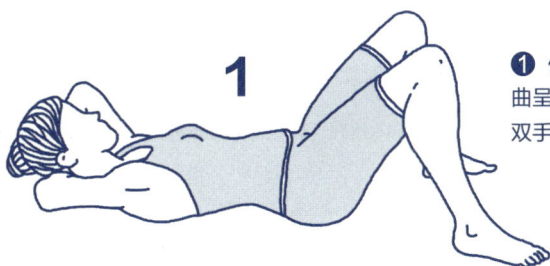

1

① 仰卧，膝盖自然弯曲呈 90 度，脚掌撑地，双手放在颈后。

转体时下巴与胸部之间保持一个拳头的距离

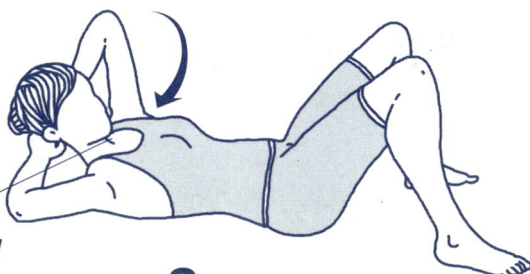

2

② 腹部收紧，肩背抬起并转向一侧，接着回到仰卧姿势，再转向另一侧。

③ 左右交替，重复以上动作。

⚠️ **注意事项**

1. 在整个运动过程中，要保持腰背部压向地面。
2. 侧转时手部尽量伸展，不要发力，不要拉扯头部。

背部训练2：塑造瘦美背影

运动难度：★★★

运动方法：以下动作分2组完成；
每个动作各做30秒，中间休息10秒

扫码跟着学

超人式　激活胸腹力量，紧致后背线条

1

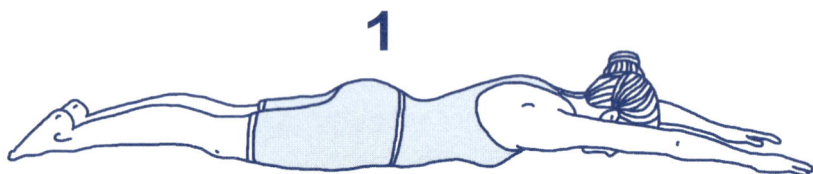

❶ 俯卧，双脚并拢伸直，双臂向
前伸直，使头部处于双臂之间。

尽量抬高胸部，
使胸腹有紧绷感

2

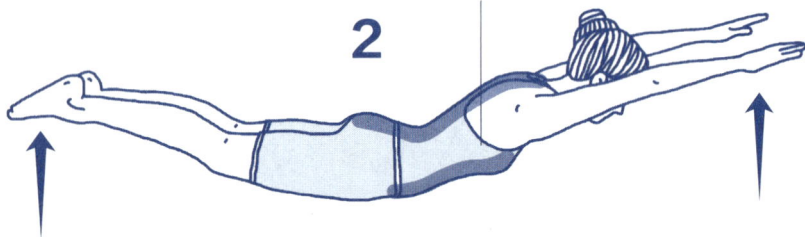

❷ 以腹部为支点，同时抬起双臂、双腿到最大限度，保持 2~4 秒后放下。
❸ 重复以上动作。

注意事项

运动时注意保持节奏，动作不要太快。

1

双手撑在肩膀正下方的地上

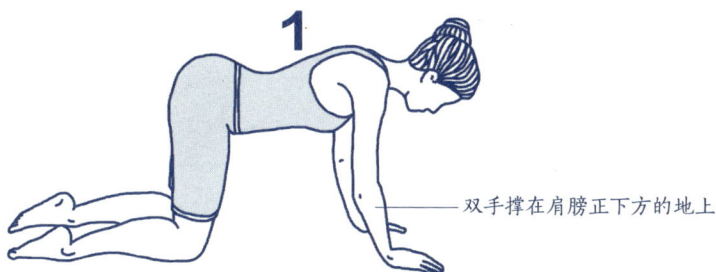

❶ 跪坐，然后俯身，双臂伸直，手掌撑地，眼睛看向地面。

头、肩、背、臀呈一条直线

2

伸展的手臂、腿、上身呈一条直线

❷ 右臂向前伸直，同时左腿向后伸直，保持 2~3 秒，然后收手、收腿，回到起始姿势。

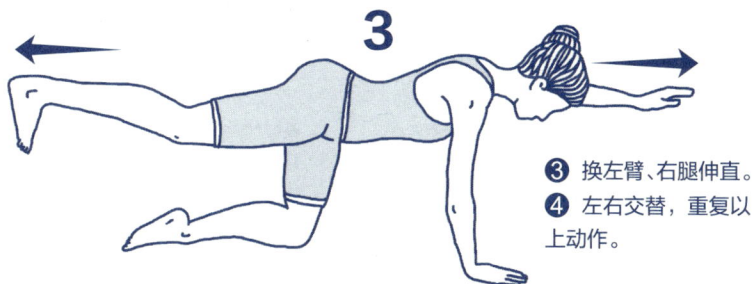

3

❸ 换左臂、右腿伸直。
❹ 左右交替，重复以上动作。

⚠ 注意事项   手臂和腿伸直后保持的时间不要太短。

撑体提哑铃

1

❶ 保持俯卧撑撑起姿势，双脚打开与肩同宽。

2

手部上抬，手指稍微张开

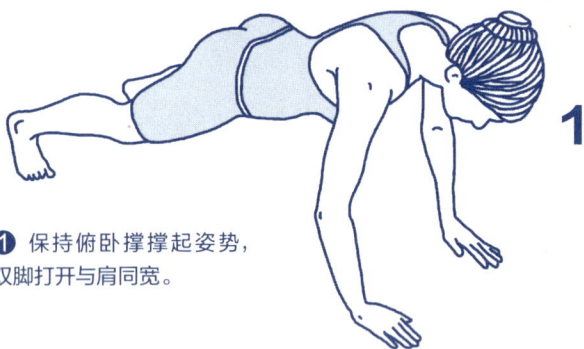

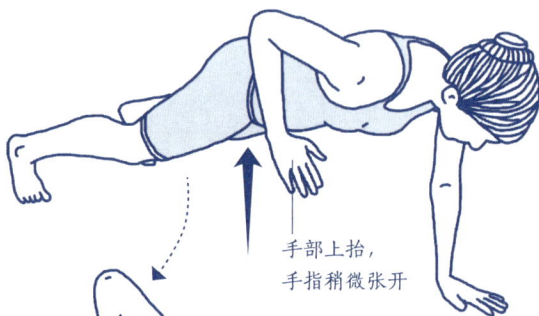

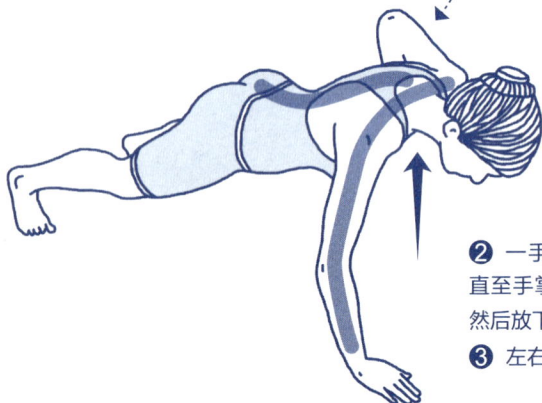

❷ 一手向上抬起，就像提哑铃一样，直至手掌靠近腋窝且肩胛骨有挤压感，然后放下，换另一侧手做动作。

❸ 左右交替，重复以上动作。

⚠ **注意事项** 运动时，双腿伸直与上身保持一条直线。

外旋夹背　充分“按摩”背部肌肉

1

❶ 自然站立，双脚打开与肩同宽，手臂自然放在身体两侧，手肘向两侧弯曲，掌心向上，呈托举姿势。

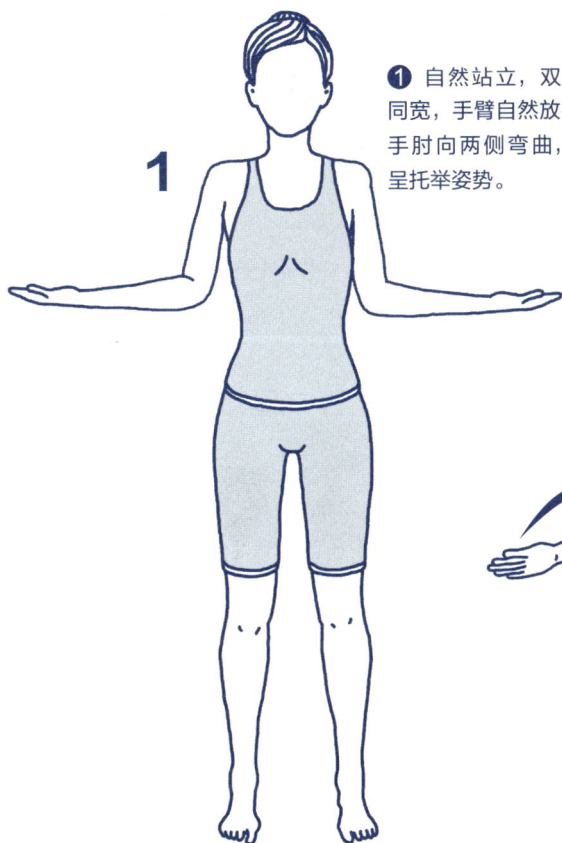

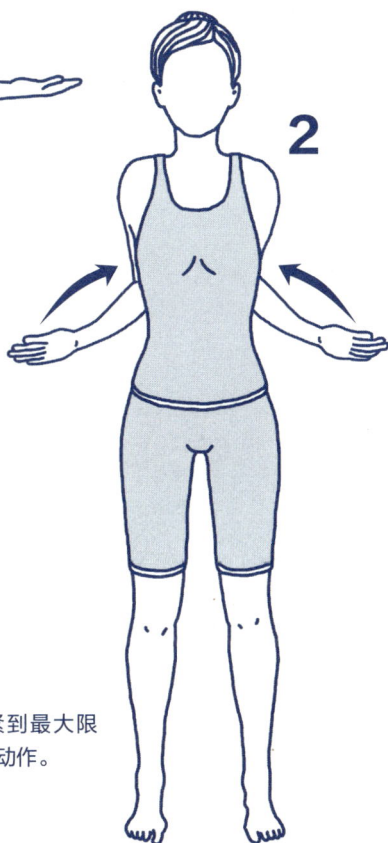

2

❷ 双臂手肘向后收紧到最大限度，再舒展。重复以上动作。

❸ 重复以上动作。

⚠️ **注意事项** 手肘尽可能向后，使背部有挤压感。

背部旋转

1

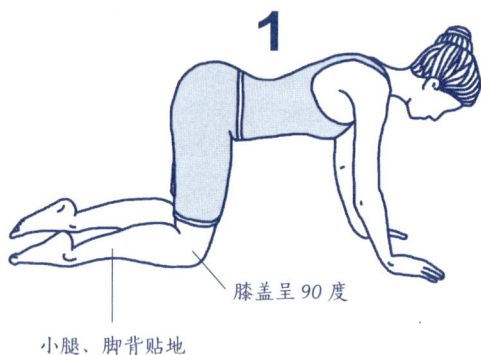

① 上半身挺直跪在地上，然后俯身，双臂伸直撑在肩部正下方，使上身与地面平行。

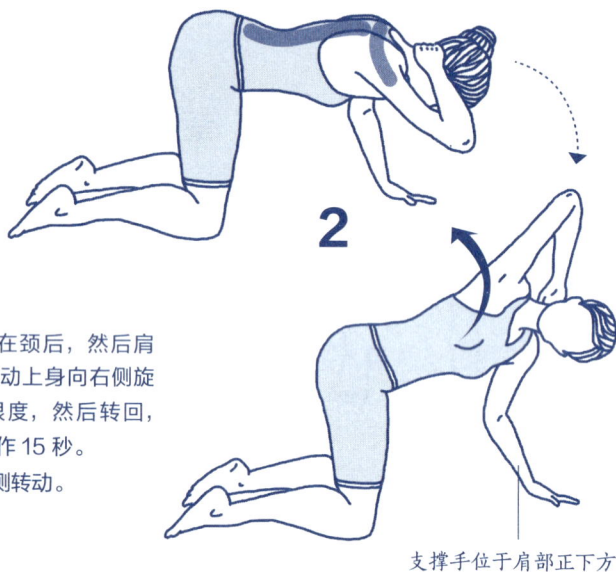

膝盖呈 90 度

小腿、脚背贴地

2

② 右手放在颈后，然后肩膀发力，带动上身向右侧旋转至最大限度，然后转回，重复以上动作 15 秒。

③ 换另一侧转动。

支撑手位于肩部正下方

⚠ **注意事项** 要肩膀发力带动身体旋转，使肩膀有拉伸感。

088

❶ 自然站立，双脚打开略比肩宽，双臂向两侧伸展，掌心朝前，与肩膀呈一条直线。

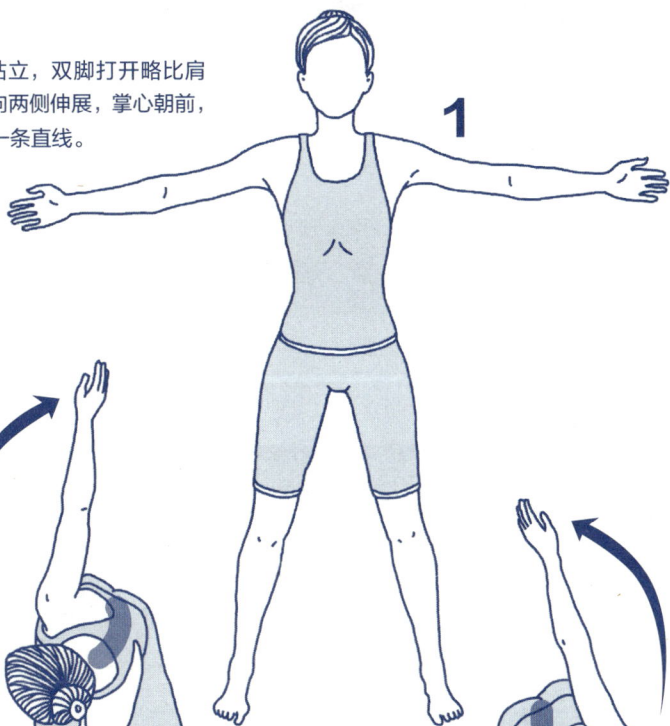

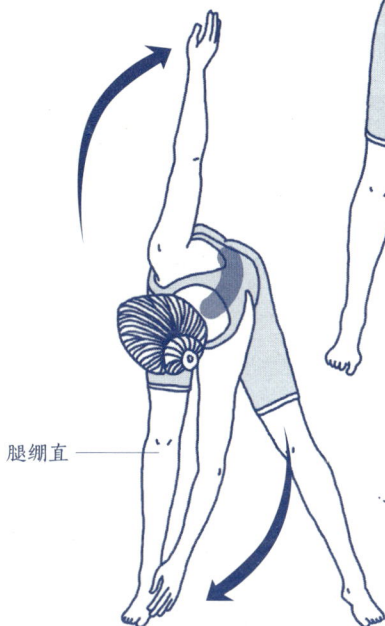

1

2

腿绷直

背部保持挺直

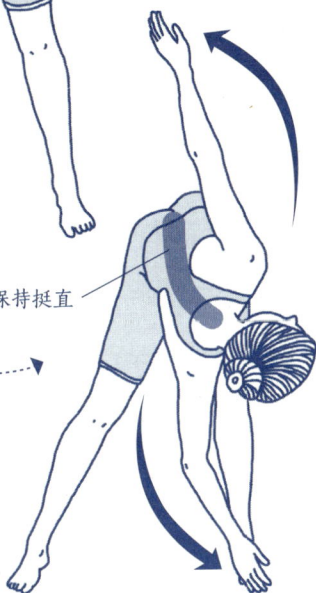

❷ 俯身向右旋转，同时用左手触摸右脚脚背，右手向上伸展，然后站直，换另一侧做动作。

❸ 左右交替，重复以上动作。

⚠️ **注意事项**
1. 尽可能伸展双臂，使肩胛骨有挤压感。
2. 俯身旋转时，肩背挺直，手臂和腿都要伸直。

胸部训练，让身姿更挺拔

胸部训练1：强化胸部力量

运动难度：★★★
运动方法：**以下动作分2组完成；
每个动作各做60秒，中间休息10秒**

扫码跟着学

俯体游泳

背肌、胸腹、臀腿，一个都不"放"过

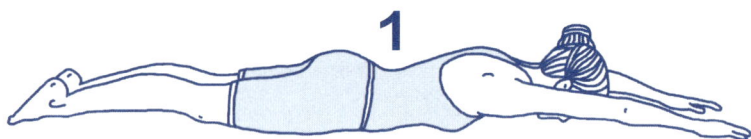

❶ 俯卧，腹部贴于地面，双脚并拢，脚背贴地。

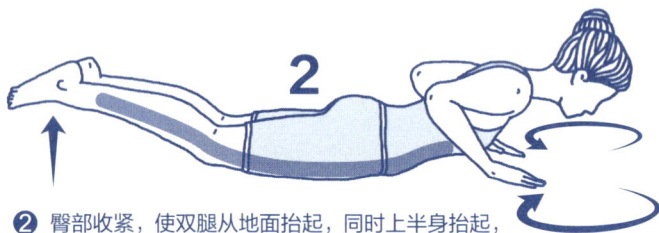

❷ 臀部收紧，使双腿从地面抬起，同时上半身抬起，
双臂由前向后做画圈动作，就像游泳一样。
❸ 重复以上动作。

进阶动作：
双臂画圈时，双腿可交替做抬起、放下
的动作，或双腿做青蛙蹬的动作。

⚠️ **注意事项**
抬腿、挺胸时，要腹部收
紧、臀肌绷紧。

T 形俯体抬手 一个动作搞定肩背胸腹

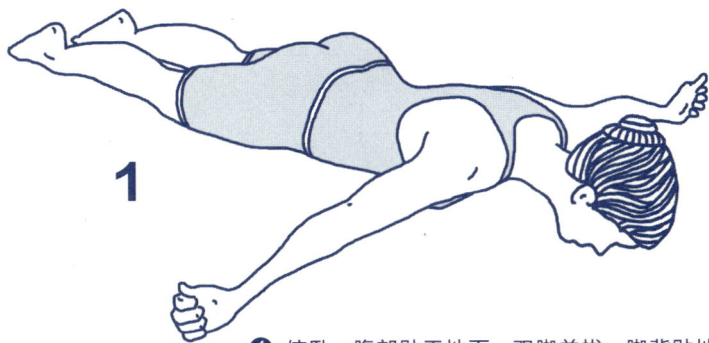

❶ 俯卧，腹部贴于地面，双脚并拢，脚背贴地，双手半握拳，拇指朝上，手臂平伸与身体呈 T 形。

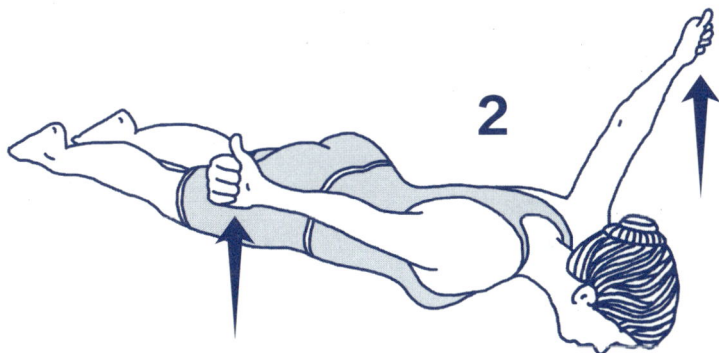

❷ 收腹，身体和双腿保持稳定，两手臂尽量向上抬，拇指朝上，保持 3 秒，放下。

❸ 重复以上动作。

进阶动作：

抬手臂的同时抬脚，以提高难度。

⚠ **注意事项** 身体紧贴地面，双臂尽量上抬，使肩胛骨有挤压感。

胸部伸展

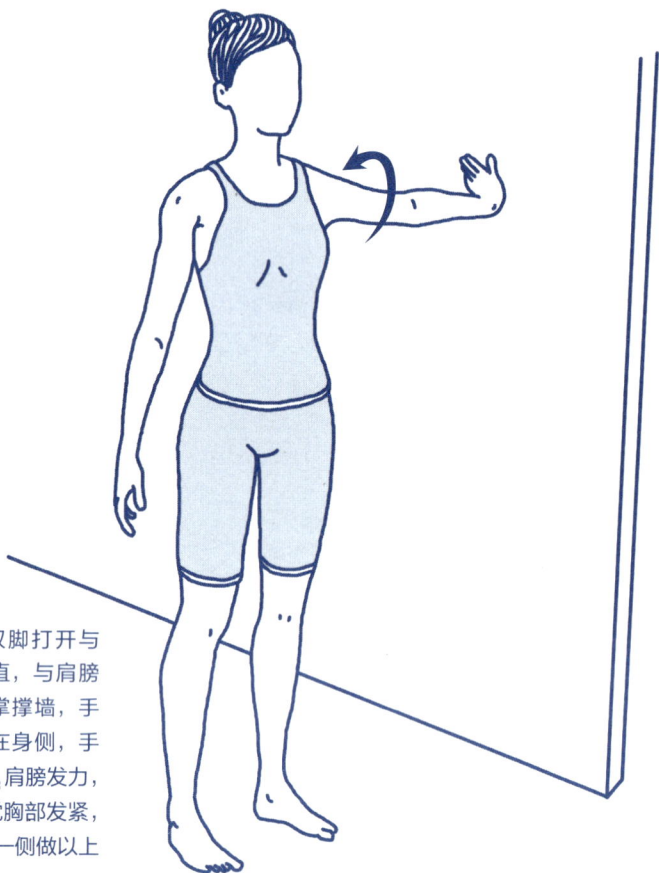

❶ 自然站立，双脚打开与肩同宽。左臂伸直，与肩膀呈一条直线，手掌撑墙，手指朝后，右臂放在身侧，手肘放松、稍微弯曲。肩膀发力，慢慢向外转，感觉胸部发紧，保持 15 秒。换另一侧做以上运动。

❷ 左右交替，重复以上动作。

⚠ **注意事项**　运动时，动作要缓慢，手肘放松，不要绷紧。

胸部训练2：专注胸部线条塑造

运动难度：★★★★

运动方法：**以下动作分2组完成；每个动作各做30秒，中间休息10秒**

扫码跟着学

侧转腿俯卧撑

增强胸肌力量，还能锻炼腹部和背部

1

❶ 先保持俯卧撑撑起姿势。

双脚打开与肩同宽

腿伸向对侧

2

❷ 弯曲手臂，身体下沉，一腿支撑，同时另一腿从下方伸向对侧，直至胸部靠近地面。接着手臂伸直，撑起身体，伸出的腿收回原位。

3

❸ 左右腿交替，重复以上动作。

⚠ 注意事项

运动时，动作要缓慢，如果感觉困难，开始时可缩短做动作的时间，待身体适应后再逐渐延长做动作的时间。

❶ 先保持俯卧撑起姿势。

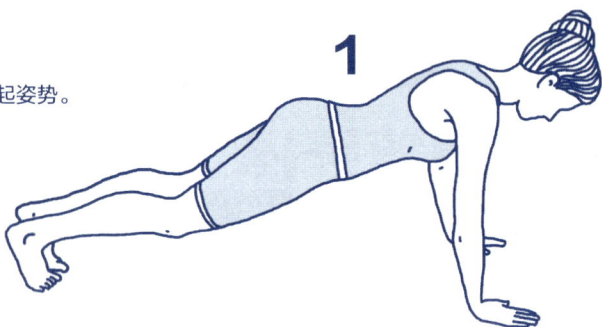

1

后腿用力向后蹬

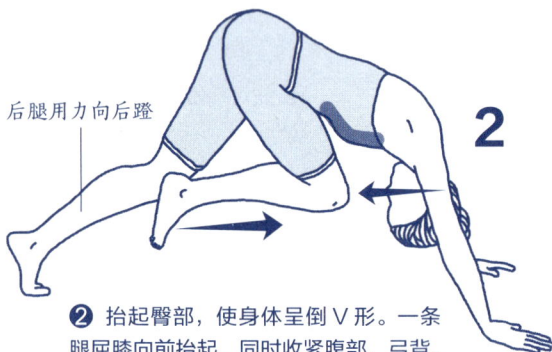

2

❷ 抬起臀部，使身体呈倒 V 形。一条腿屈膝向前抬起，同时收紧腹部，弓背，低头，使膝盖靠近鼻尖，保持 1~2 秒，然后回到俯卧撑起姿势。

3

❸ 左右腿交替，重复以上动作。

⚠ 注意事项　膝盖尽量抬高。

碰脚俯卧撑

刺激胸部肌肉，收获更强大的核心

1

❶ 先保持俯卧撑撑起姿势，然后弯曲手肘，做一个俯卧撑。

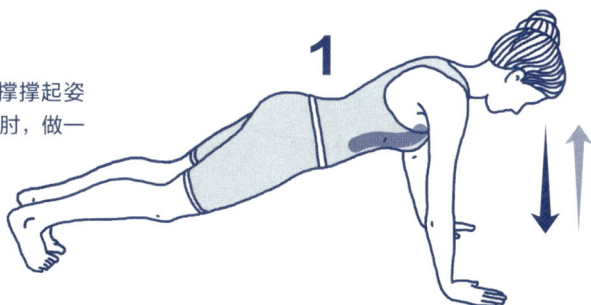

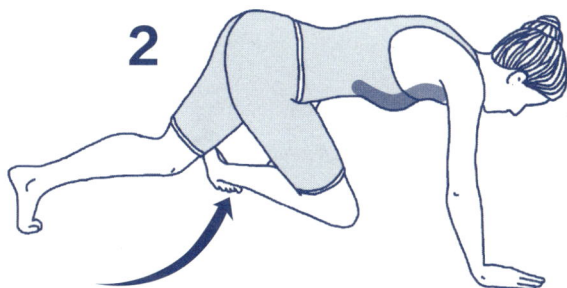

2

❷ 当手臂伸直、身体撑起到最高位时，右脚向上做踢毽子的动作，同时用左手触碰右脚脚踝。

3

❸ 抬起的手和脚迅速归位，保持俯卧撑撑起姿势，然后换右手碰左脚脚踝。

❹ 左右交替，重复以上动作。

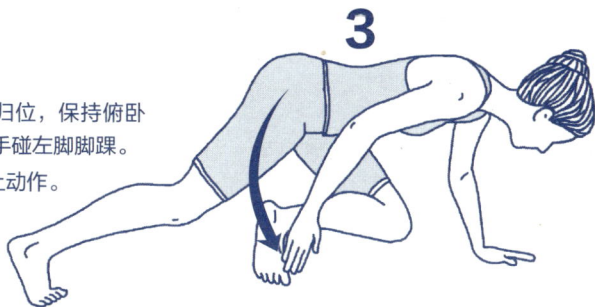

⚠ **注意事项** 支撑腿尽量伸直。

轰炸机式撑体

徒手练肩练胸的王牌动作

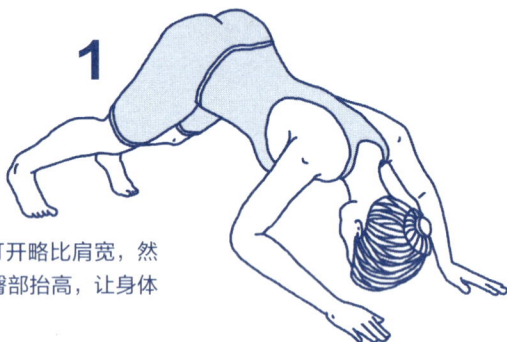

1

❶ 自然站立，双手、双脚打开略比肩宽，然后俯身，手掌、脚趾撑地，臀部抬高，让身体呈倒 V 形，眼睛看向膝盖。

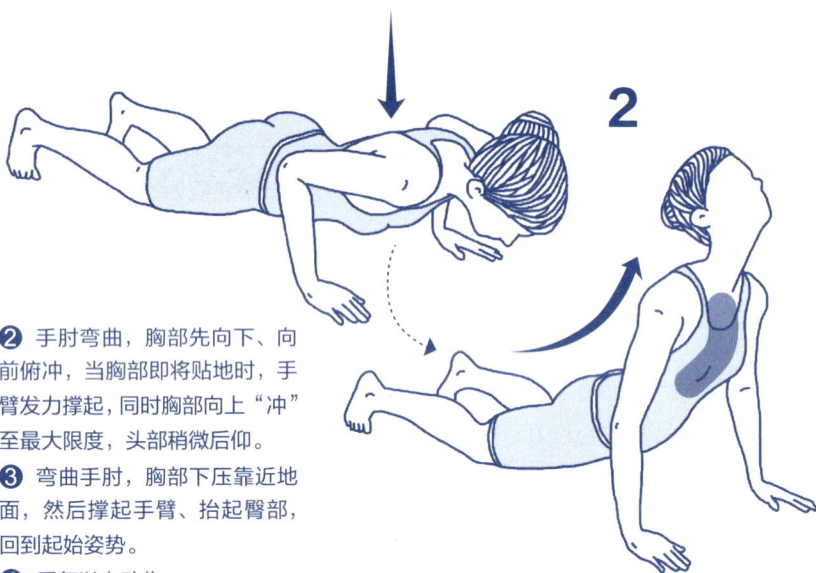

2

❷ 手肘弯曲，胸部先向下、向前俯冲，当胸部即将贴地时，手臂发力撑起，同时胸部向上"冲"至最大限度，头部稍微后仰。

❸ 弯曲手肘，胸部下压靠近地面，然后撑起手臂、抬起臀部，回到起始姿势。

❹ 重复以上动作。

注意事项 如果完成动作有困难，可先膝盖弯曲撑地，待手臂力量增强后再抬离地面。

蜘蛛侠俯卧撑

练手臂、练肩膀，"照顾"胸肌和腹肌

❶ 先保持俯卧撑撑起姿势。

❷ 弯曲手肘，身体下沉，同时一条腿向外屈膝，并向上抬起，使膝盖靠近同侧手肘。

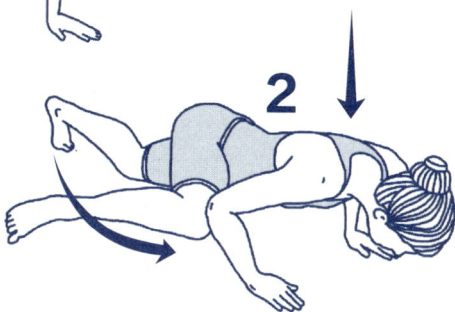

❸ 当胸部靠近地面时，双臂伸直，撑起身体，抬起的腿回到原来的位置。

❹ 左右交替，重复以上动作。

注意事项

1. 在整个运动过程中，上身要保持挺直。
2. 尽量抬高膝盖。

靠墙撑体 提升上肢力量，塑造胸部线条

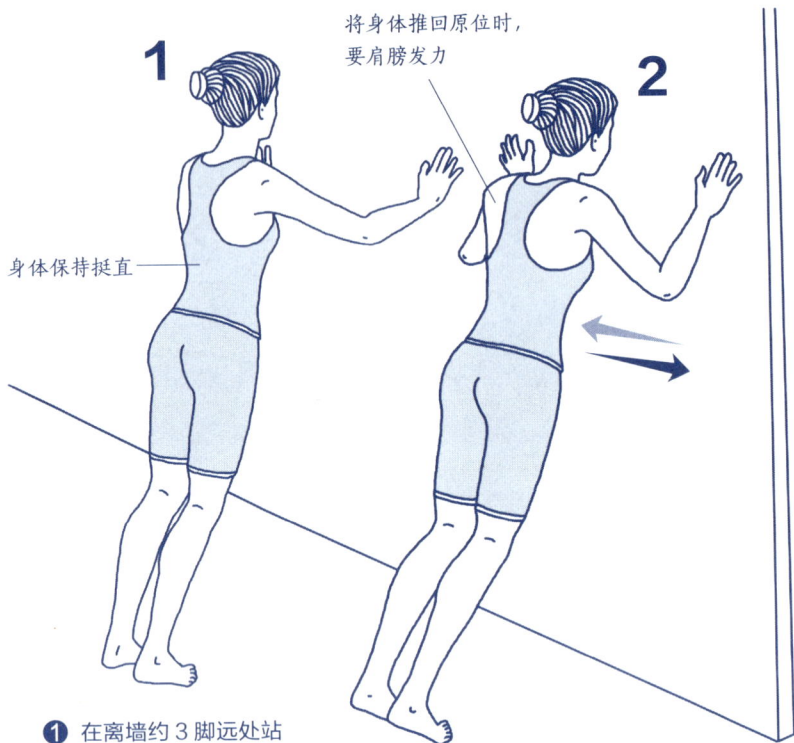

将身体推回原位时，
要肩膀发力

1

身体保持挺直

2

① 在离墙约 3 脚远处站立，手掌撑在墙上，双脚稍微打开。

② 弯曲手臂，使身体缓慢向墙靠近，直至脸部贴近墙面。稍做停顿，然后发力将身体推回原位。

③ 重复以上动作。

注意事项

1. 在整个运动过程中，身体要保持挺直。
2. 双脚离墙的距离可自行调整，离墙越远，动作难度越大。

腹部训练，练就腹肌马甲线

腹部训练1：强化腹部肌肉力量

运动难度：★★★

运动方法：**以下动作分2组完成；每个动作各做60秒，中间休息10秒**

扫码跟着学

仰卧起坐　　　"虐"腹，练背，强身

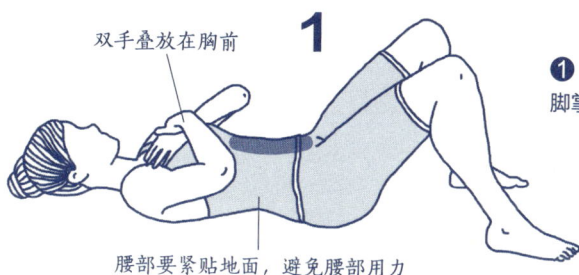

双手叠放在胸前

1

腰部要紧贴地面，避免腰部用力

❶ 仰卧，双膝弯曲90度，脚掌撑地，双手叠放在胸前。

2

膝盖弯曲90度

❷ 轻轻收腹，上身慢慢向上、向内弯曲，直至下巴与胸部保持一个拳头的距离，然后慢慢回躺。

❸ 重复以上动作。

⚠ 注意事项

1. 做仰卧起坐时，腰部要全程紧贴地面，避免腰部用力。

2. 双手不要抱头或放在颈后，避免手臂用力，造成颈部肌肉拉伤。

仰卧抬腿六英寸

一个瘦腿又练腹的好动作

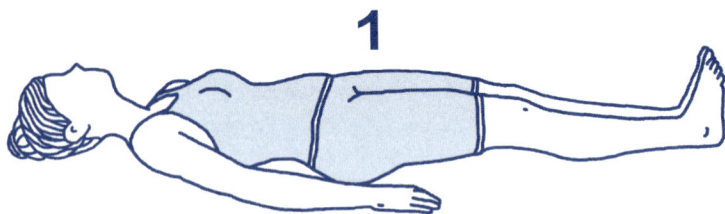

1 仰卧，双臂放在身体两侧，双腿并拢伸直。

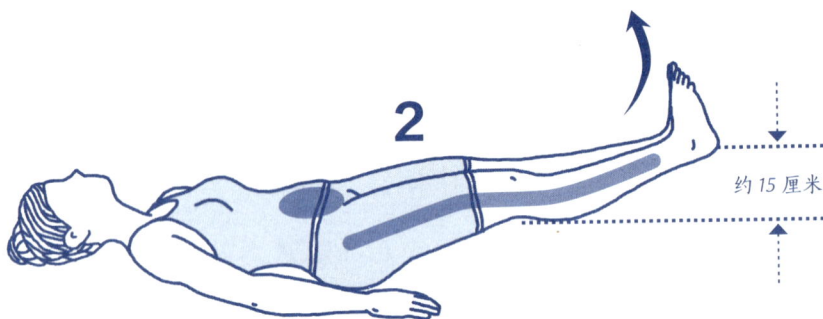

约 15 厘米

2 收腹，双脚抬离地面约 15 厘米，保持 30 秒后放下双脚。

3 重复以上动作。

⚠ **注意事项** 若完成动作有困难，可先抬高双腿或弯曲膝盖，逐步过渡。

仰卧展腿

腰背与腿都兼顾

1

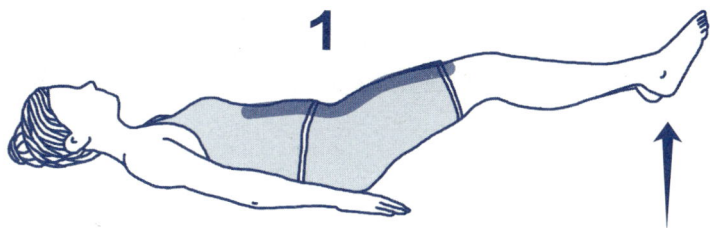

① 仰卧，收腹，腰背部紧贴地面，双臂放在身体两侧，腿部伸直，抬离地面。

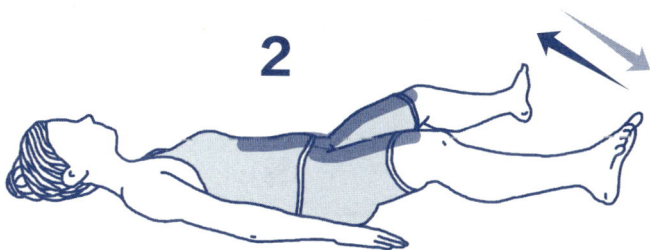

2

② 双腿做开合动作。

⚠ **注意事项**
1. 做开的动作时，双腿尽量打开。
2. 腿部离地 15~20 厘米。
3. 开合腿时，腰背要紧贴地面。
4. 若完成动作有困难，可抬高双腿或稍微弯曲膝盖，以降低难度。

腹部训练2：塑造疯狂腹肌

运动难度：★★★★

运动方法：**以下动作分2组完成；**
每个动作各做30秒，中间休息10秒

扫码跟着学

甲壳虫式　　瘦腹、练腿两不误

1

❶ 仰卧，收腹，上身稍微抬起，双手伸直抬起至约与大腿平行，双腿稍微弯曲并抬离地面。

膝盖稍微朝外，尽量抬高

2

❷ 左腿抬起做盘腿动作，用右手触碰左脚脚掌，左手臂同时上伸。

3

❸ 换右腿做盘腿动作，用左手触碰右脚脚掌，右手臂上伸。

❹ 左右交替，重复以上动作。

⚠ **注意事项**
1. 换腿时，放下的腿不要着地。
2. 全程保持腹部收紧。
3. 注意保持节奏，速度不要过快。

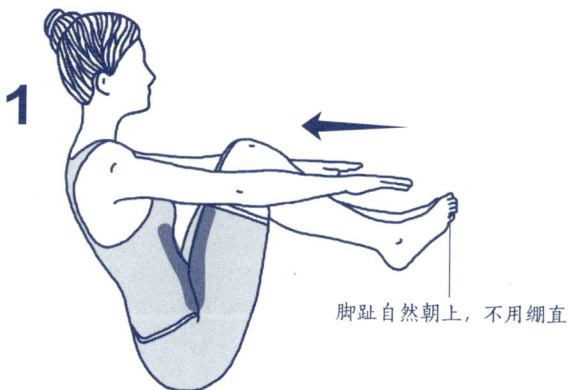

脚趾自然朝上，不用绷直

❶ 坐在地上，身体稍微后仰，双手打开与肩同宽，并向前伸直。双腿并拢，小腿抬起至约与地面平行，然后腹部发力，将双膝带至胸前，与身体呈大字形。

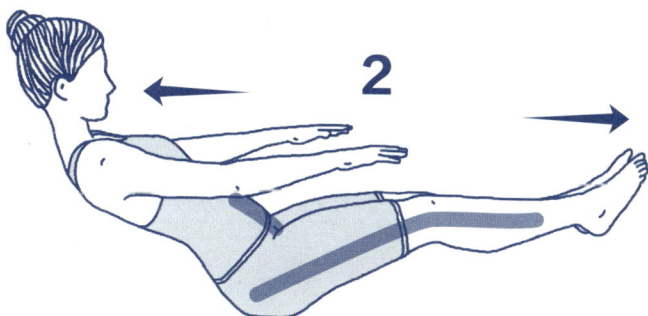

❷ 双脚向前踢出，同时腹部收紧，身体向后仰至半躺。双腿踢直后，借助腹部的力量，将身体拉回，并将膝盖带回胸前。

❸ 重复以上动作。

⚠ 注意事项　全程背部要挺直，双臂要保持伸直的状态。

仰卧踢腿

锻炼下腹部的专属小动作

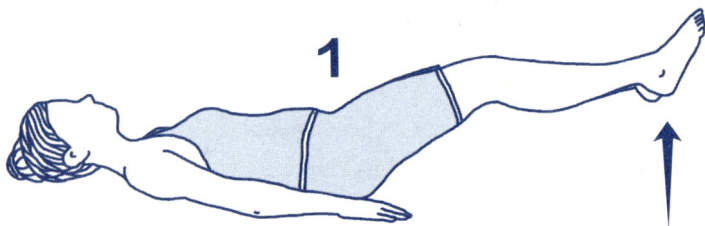

1 仰卧，使腰背紧贴地面，双臂伸直放在身体两侧，手掌掌心压在地面上，收紧腹部，双腿伸直并抬离地面15~20厘米。

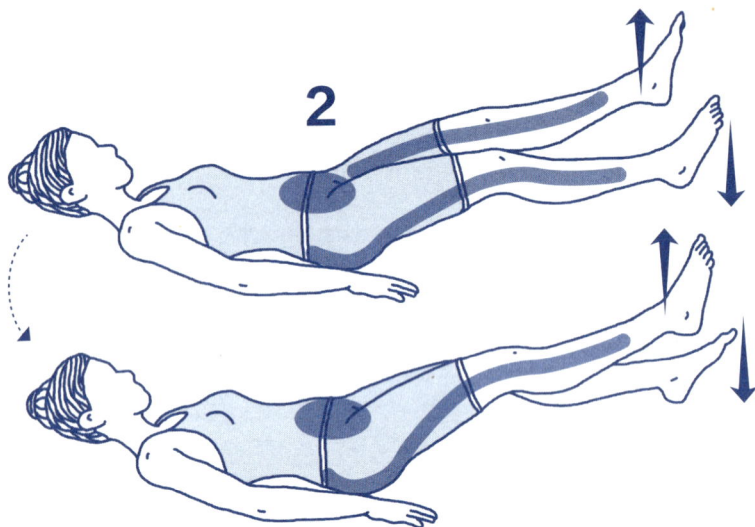

2 头部稍微抬起，掌心压地，双腿做上下交叉踢的动作。

⚠ **注意事项**

交叉踢的幅度不用太大，要有节奏地一上一下踢，以保证动作连贯和呼吸顺畅。

彩虹平板撑

健身达人超爱的练胸虐腹动作

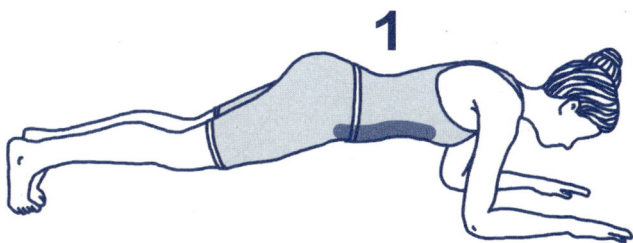

1

① 先保持俯卧撑撑起姿势，然后手肘弯曲放在肩膀下方，小臂、手掌撑地，手指朝前。

2

② 将腹部向右扭，直至臀部左侧靠近地面，然后腹部向左扭，直至臀部右侧靠近地面。

③ 重复以上动作。

⚠ **注意事项**
1. 扭转身体时，注意脚趾不要移动。
2. 扭转臀部时，注意臀部不要接触地面。
3. 全程背部要挺直，不弓背、不塌腰。

半躺收膝

直背，瘦腹，美腿

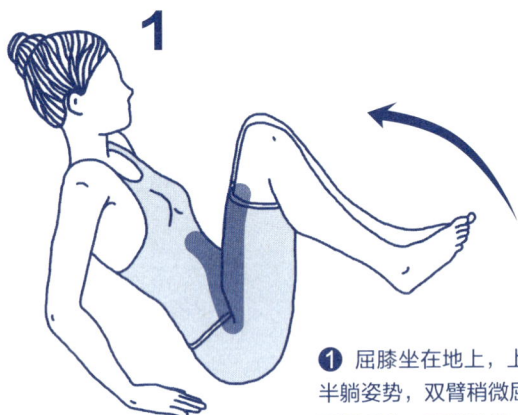

1

① 屈膝坐在地上，上身后仰至半躺姿势，双臂稍微屈肘，撑在臀部后方。双脚并拢，双膝抬起至胸前。

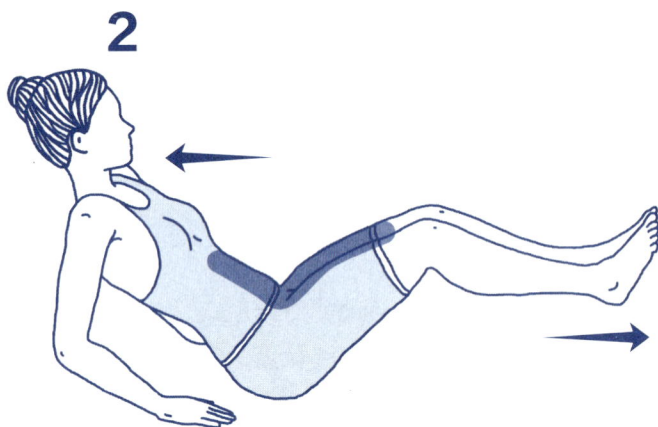

2

② 收腹，双腿向前踢，同时上身随双腿动作稍微后仰。
③ 重复踢腿、收膝动作。

⚠ **注意事项** 双腿不用完全踢直，感觉腹部收紧时就可以往回收膝。

手臂训练，甩掉手上多余赘肉

手臂训练1：强壮手臂力量

运动难度：★★★

运动方法：**以下动作分2组完成；**
每个动作各做50秒，中间休息10秒

扫码跟着学

手臂画圈　　锻炼肩臂肌肉，瘦肩瘦臂

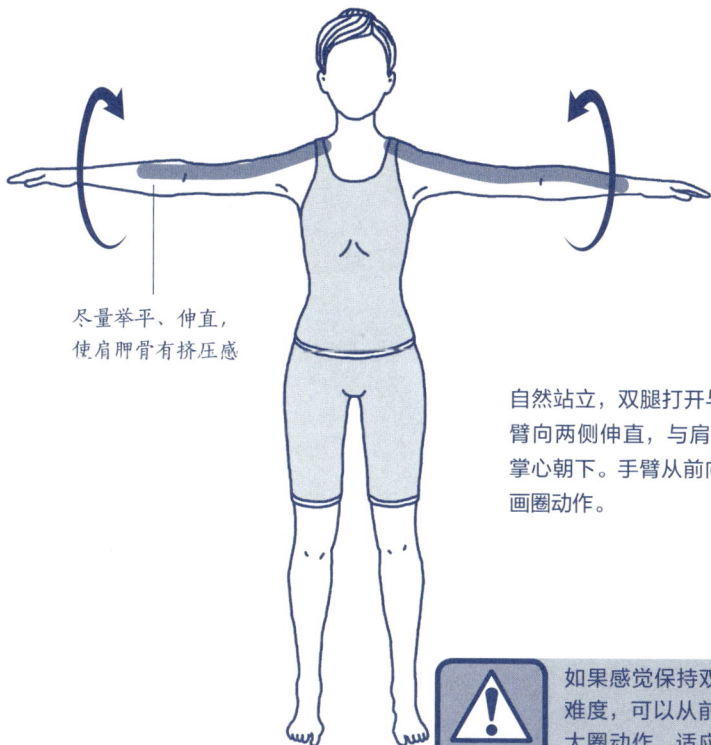

尽量举平、伸直，
使肩胛骨有挤压感

自然站立，双腿打开与肩同宽，双臂向两侧伸直，与肩呈一条直线，掌心朝下。手臂从前向后做小幅度画圈动作。

⚠️ 注意事项
如果感觉保持双臂上举有难度，可以从前向后做绕大圈动作，适应后再做双臂平举画圈动作。

撑体行走

肩膀、手臂的力量更强了

1

① 保持俯卧撑撑起姿势。

双手行走时背部要挺直，
不弓背、不塌腰

2

② 双腿不动，双手向前小碎步地走。当感觉腰背有压力时，双手再往回走。

③ 重复以上动作。

> ⚠ **注意事项**
>
> 1. 全程身体都要挺直。
> 2. 尽量向前走，更大限度地锻炼手臂、肩膀的力量。

突击队员撑体

激活手臂、胸腹力量，紧致全身肌肉

1 保持俯卧撑撑起姿势。

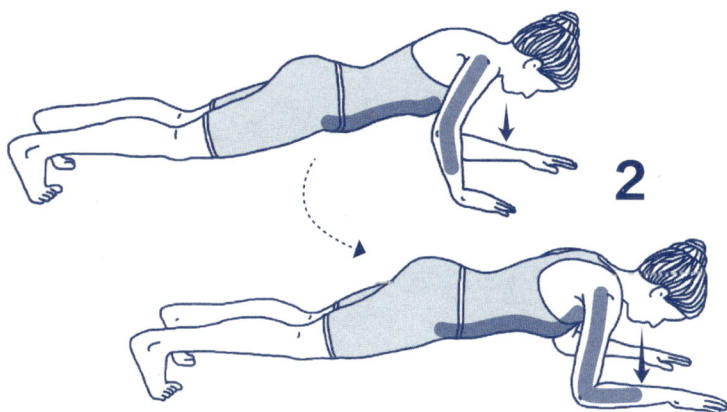

2 弯曲一只手臂，使小臂、手掌撑地，接着另一只手臂做相同动作，再逐一伸直手臂，回到初始俯卧撑撑起姿势。

3 重复以上动作。

⚠️ **注意事项**　全程腰背要挺直、绷紧。

侧身单手撑体

锻炼手臂力量，练出马甲线

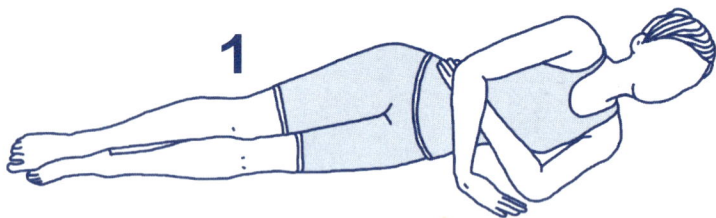

1 左侧卧，上身稍微前倾，左臂手肘弯曲，撑在胸前地面上，手掌放在右侧腹部，右手手掌撑地，双腿膝盖略微弯曲，自然叠放。

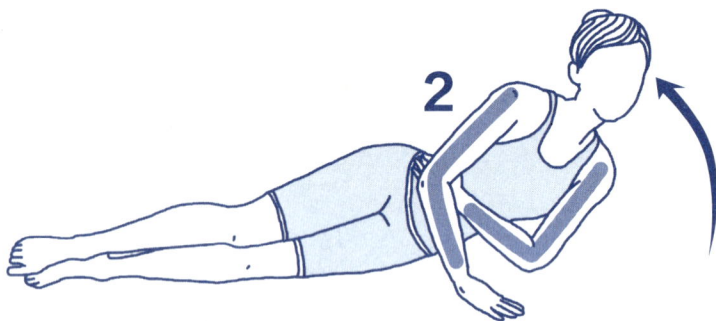

2 右手、胸腹发力，抬起上身至最大限度时放下，当左臂手肘触碰到地面时再抬起身体。

3 重复以上动作，25 秒后换右侧卧做动作。

⚠ **注意事项** 运动时腿部、臀部保持不动。

手臂训练2：专注手臂力量与线条

运动难度：★★★★☆

运动方法：**以下动作分2组完成；**
每个动作各做60秒，中间休息10秒

扫码跟着学

手部锻炼 激活手部力量，消除腿臀赘肉

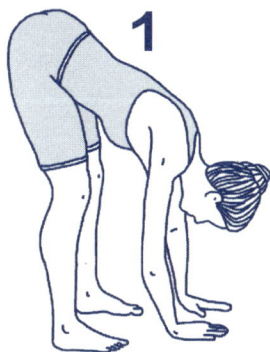

1

❶ 自然站立，双脚打开与肩同宽，身体向下弯曲，双手双掌撑地，与双脚保持1掌距离。

双腿尽量保持挺直

❷ 双腿不动，双手手掌交替向前走，至最远距离时再走回双脚前。

❸ 重复以上动作。

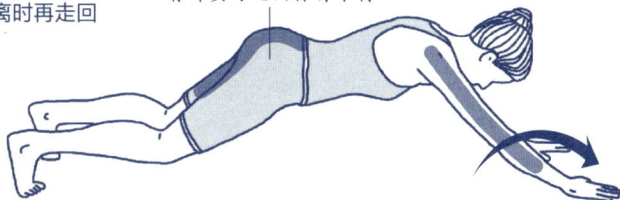

臀部要与地面保持平行

2

⚠ **注意事项** 双臂、双腿尽量保持挺直，以加强拉伸效果。

熊爬　增肌减脂，强化手腿力量

❶ 双手、双脚打开与肩同宽，手掌、脚趾撑地，使上身与地面平行，双膝弯曲 90 度，小腿与地面平行，眼睛看向地面。

膝盖不要着地

面向地面

背部要挺直

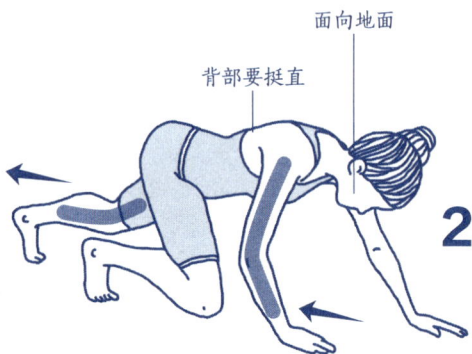

❷ 右手手掌、左脚同时向后移动两掌距离，然后左手手掌、右脚向后移动两掌距离。

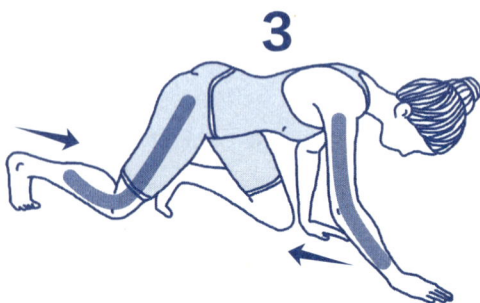

❸ 右手手掌、左脚同时向前移动两掌距离，然后左手手掌、右脚向前移动两掌距离。

❹ 重复以上前后爬行动作。

注意事项

1. 在整个运动过程中，背部要保持笔直，不塌腰、不弓背。
2. 爬行时要一步一动，保持好节奏。

倒立俯卧撑 强化肩部、手部及臀部力量

1

❶ 双脚打开略比肩宽，腿伸直，俯身，手掌撑地略比肩宽，身体呈倒 V 形，眼睛看向双腿中间。

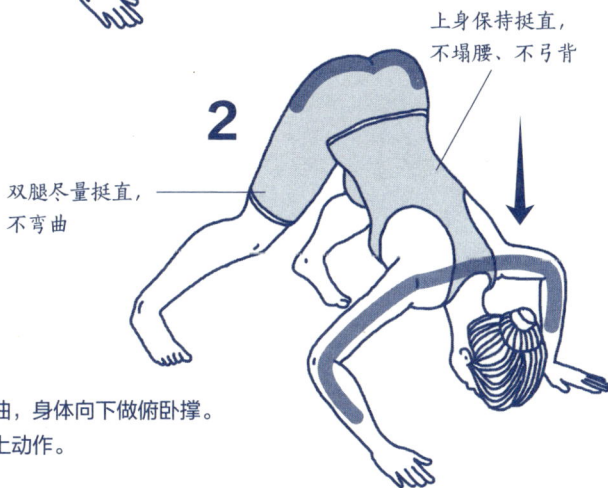

上身保持挺直，不塌腰、不弓背

2

双腿尽量挺直，不弯曲

❷ 手肘弯曲，身体向下做俯卧撑。

❸ 重复以上动作。

⚠️ **注意事项**
1. 上身保持挺直，不塌腰、不弓背。
2. 双腿尽量挺直，不弯曲。

臀部训练，让臀肌更完美

臀部训练1：激活臀部肌肉

运动难度：★★

运动方法：**以下动作分2组完成；每个动作各做50秒，中间休息10秒**

扫码跟着学

靠墙摆腿 　　摆出翘臀美腿

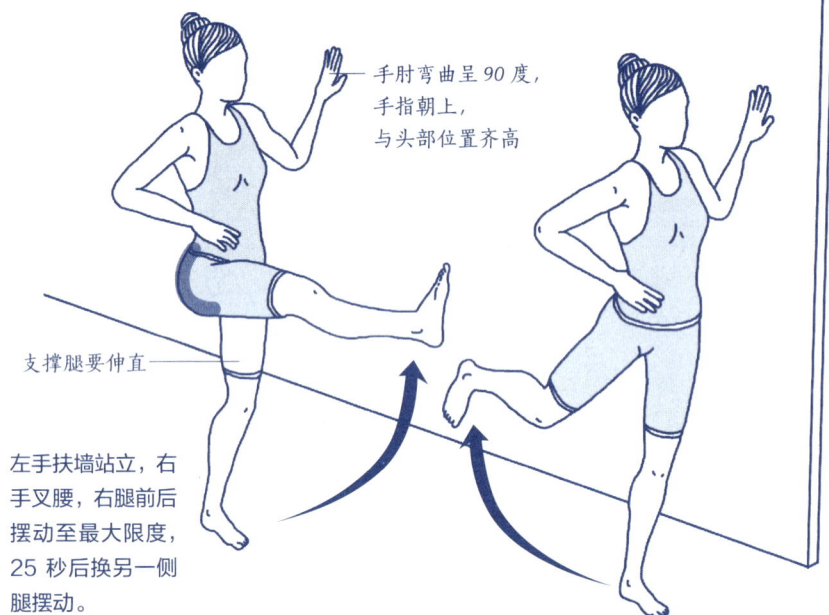

手肘弯曲呈90度，
手指朝上，
与头部位置齐高

支撑腿要伸直

左手扶墙站立，右手叉腰，右腿前后摆动至最大限度，25秒后换另一侧腿摆动。

⚠ 注意事项　　前后摆腿时，要臀部发力，避免惯性。

单腿提举

能调动全身肌肉的"小动作"

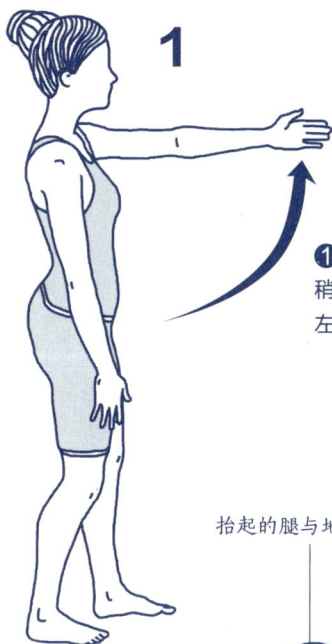

1

❶ 自然站立，左腿向前迈一小步并稍微抬离地面，右臂放在身体右侧，左手向前伸直至与地面平行。

抬起的腿与地面平行

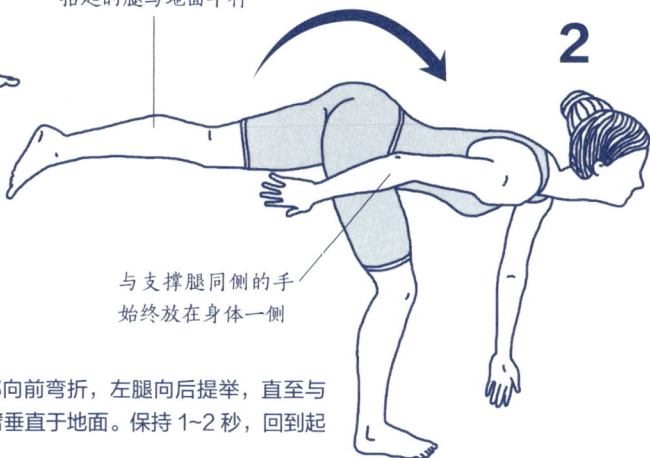

2

与支撑腿同侧的手始终放在身体一侧

❷ 身体从臀部向前弯折，左腿向后提举，直至与地面平行，左臂垂直于地面。保持 1~2 秒，回到起始姿势。

❸ 重复动作 25 秒后，换另一侧腿做以上动作。

⚠ **注意事项**
1. 在整个运动过程中，身体要笔直。
2. 身体向前弯折时，眼睛看向前方。
3. 支撑腿的膝盖可稍微弯曲，以保持平衡。

下蹲 + 侧提腿

提臀瘦腿一个动作搞定

1

❶ 自然站立，双手叉腰，手肘朝后，背部挺直，双脚打开略比肩宽，脚趾稍微朝外。弯曲双膝下蹲，直至大腿、小腿呈 90 度。

手肘稍微朝后，使肩胛骨有挤压感

腿要抬得尽量直，尽量高

2

❷ 站直，一条腿向侧面抬起，直至与地面平行，然后往回收腿，恢复❶的姿势，换另一条腿做动作。

❸ 左右交替，重复以上动作。

⚠️ **注意事项**

1. 尽可能抬高腿，并且要伸直。
2. 运动时，背部要挺直。

多向抬腿 燃烧臀部肌肉，增强下肢力量

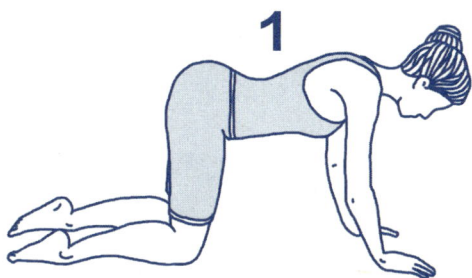

1

❶ 先取跪地姿势，双手撑地，膝盖和脚背着地，使臀部与上身、头部呈一条直线。

2

❷ 慢慢将右腿（膝盖保持弯曲 90 度）向右侧抬起至与地面平行。

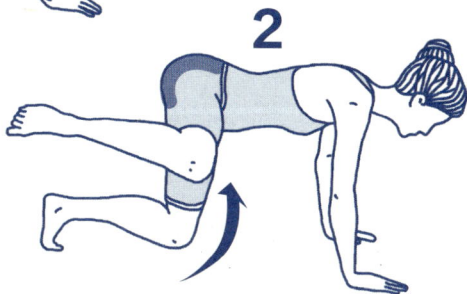

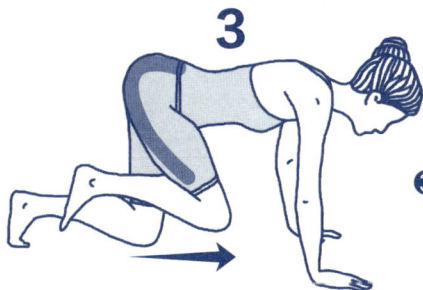

3

❸ 将右腿收回并抬向胸前。

4

❹ 右腿向后伸直，保持 1 秒后收回。
❺ 重复以上摆动动作，25 秒后换左腿做运动。

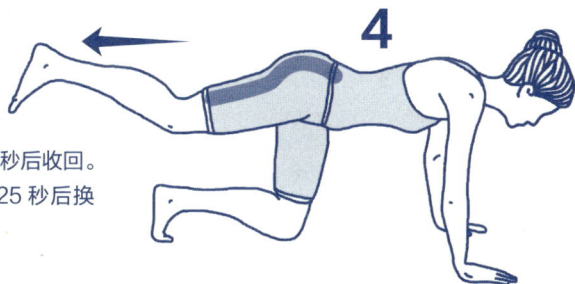

⚠️ **注意事项**

1. 支撑腿一侧的膝盖和脚趾撑地，小腿不要贴地。
2. 腿向一侧摆动时，膝盖要保持弯曲状态。

运动难度：★★★★

运动方法：**以下动作分2组完成；
每个动作各做50秒，中间休息10秒**

扫码跟着学

分腿下蹲 非常优质的翘臀、瘦大腿动作

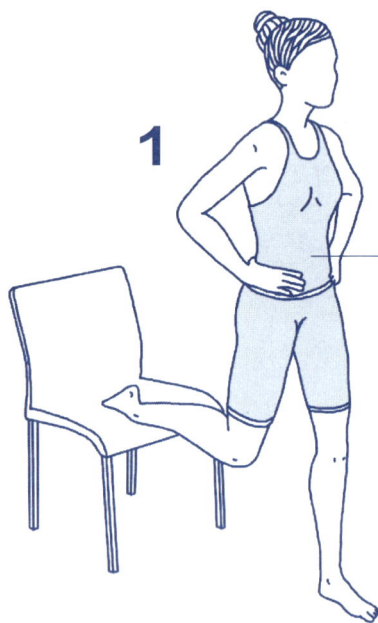

1

❶ 双手叉腰背对着椅子，站在椅子前，右腿膝盖向后弯曲90度，并把脚背搭在椅子上。

—— 上身挺直，
与后腿膝盖呈一条直线

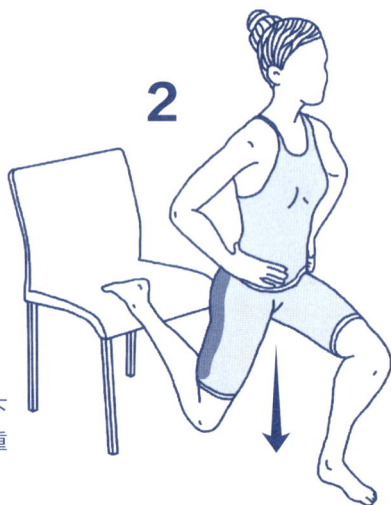

2

❷ 左腿膝盖弯曲90度，右腿膝盖下压至最大限度，然后回到起始姿势。重复15秒后换腿。

⚠️ **注意事项**

1. 前腿膝盖弯曲时，膝盖不要超过脚趾。
2. 在整个运动过程中，身体要挺直，身体与后腿膝盖呈一条直线。

弓步 + 深蹲

❶ 做两个弓步：自然站立，双手叉腰，稍微向上跳，落地时一腿向后跨一大步，同时双腿膝盖弯曲 90 度，呈弓步姿势，再向上跳，交换前后脚位置做弓步。

1

2

双臂向前伸直，手掌稍微靠拢

❷ 深蹲：双脚打开略比肩宽，膝盖弯曲 90 度，大腿与地面平行，上身稍微前倾，双臂向前伸直与肩同高，然后双腿跳起，落地时深蹲。

❸ 重复以上动作。

⚠ **注意事项** 弓步换腿、弓步变深蹲时，落地要轻。

青蛙跳

跳一跳，轻松拥有翘臀美腿

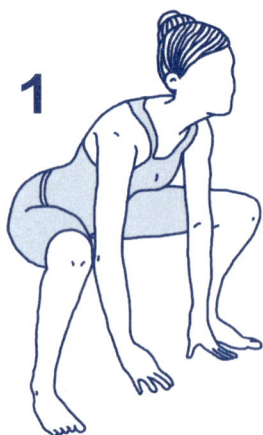

1

❶ 自然站立，双脚打开约 1.5 个肩宽，双腿膝盖弯曲，下蹲至大腿与地面平行，同时身体前倾，手掌轻触地面。

2

❷ 双臂伸直向上跳，空中完成腿、身体伸直的动作，落地时回到起始姿势。

❸ 重复以上动作。

⚠ **注意事项**

1. 双手要放在双脚之间触地，使身体呈青蛙蹲的姿势。
2. 跳跃后，双脚落回原地。
3. 膝盖有损伤的人不宜练青蛙跳。

单腿提臀

让臀部更翘、更好看

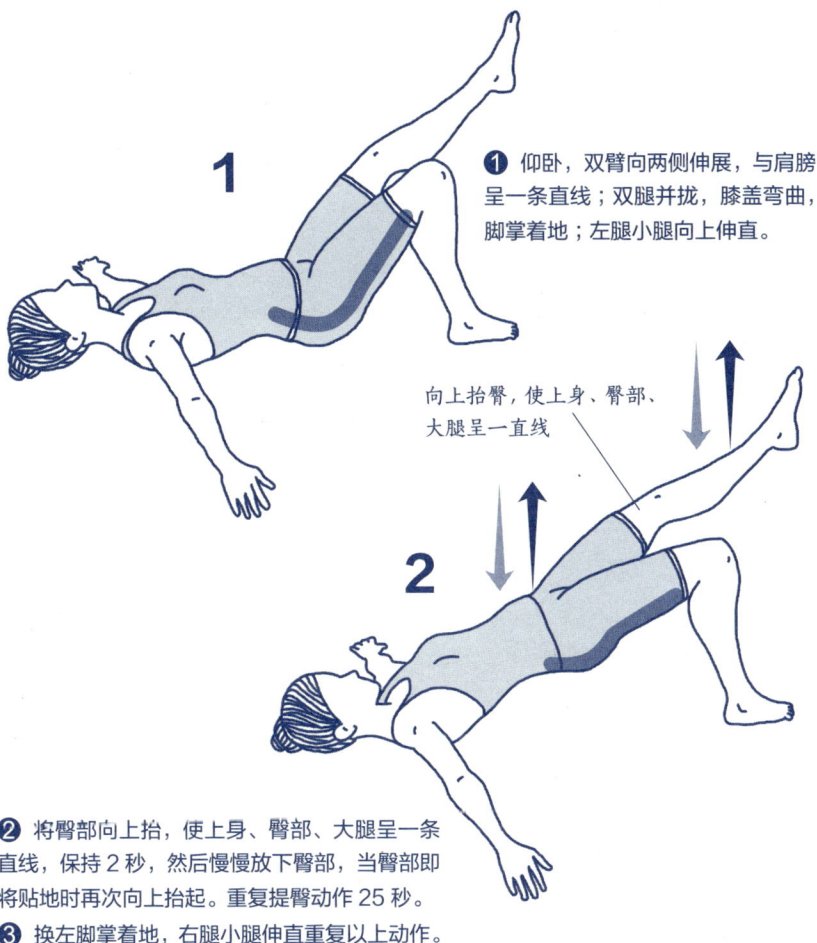

1

❶ 仰卧，双臂向两侧伸展，与肩膀呈一条直线；双腿并拢，膝盖弯曲，脚掌着地；左腿小腿向上伸直。

向上抬臀，使上身、臀部、大腿呈一直线

2

❷ 将臀部向上抬，使上身、臀部、大腿呈一条直线，保持 2 秒，然后慢慢放下臀部，当臀部即将贴地时再次向上抬起。重复提臀动作 25 秒。

❸ 换左脚掌着地，右腿小腿伸直重复以上动作。

进阶动作：

配合呼吸，臀部上抬时吸气，放下时呼气，或者延长保持的时间，在此期间正常呼吸。

⚠️ **注意事项**

1. 抬起、放下臀部的速度宜慢，不宜快。
2. 放下臀部时注意不要贴地，靠近地面时立即再次抬起。

大腿训练，让腿型更瘦更长

大腿训练1：消除大腿内侧脂肪

运动难度：★★

运动方法：以下动作分2组完成；
每个动作各做30秒，中间休息10秒

扫码跟着学

蛤壳式 开髋，提高臀肌力量，瘦大腿内侧

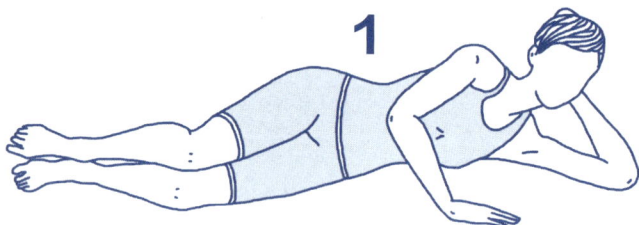

1

❶ 左侧卧，左臂手肘撑地，手掌撑在颈后；右臂手肘弯曲90度，手掌撑在胸前地面上。双腿自然叠放，膝盖稍微弯曲。

膝盖尽量张开，像一个张开的蛤壳

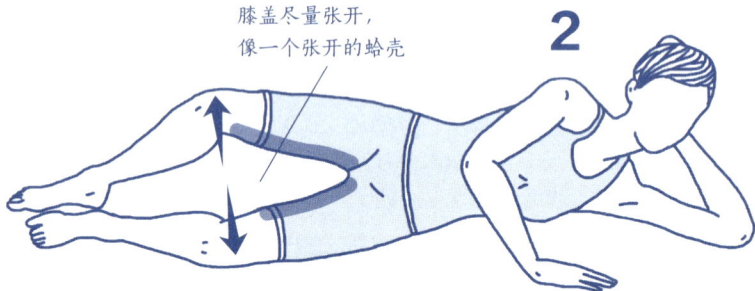

2

❷ 右膝向上张开到最大限度，然后放下，重复膝盖开合动作15秒。

❸ 变右侧卧开合左腿。

⚠ 注意事项

抬高一侧膝盖时，双脚要保持并拢，在下方的腿不离开地面。

侧身抬腿 躺着也能练出美翘臀和大长腿

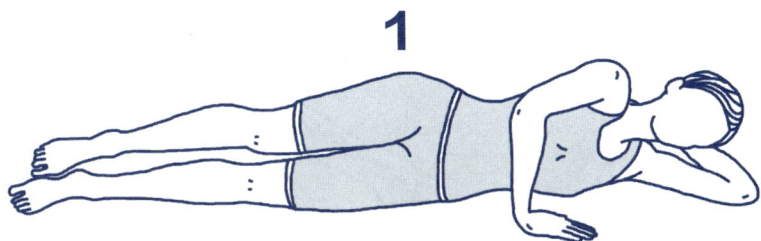

1

① 左侧卧，左臂手肘弯曲，小臂枕在头下，右臂手肘弯曲90度，手掌撑在胸前，双腿自然叠放。

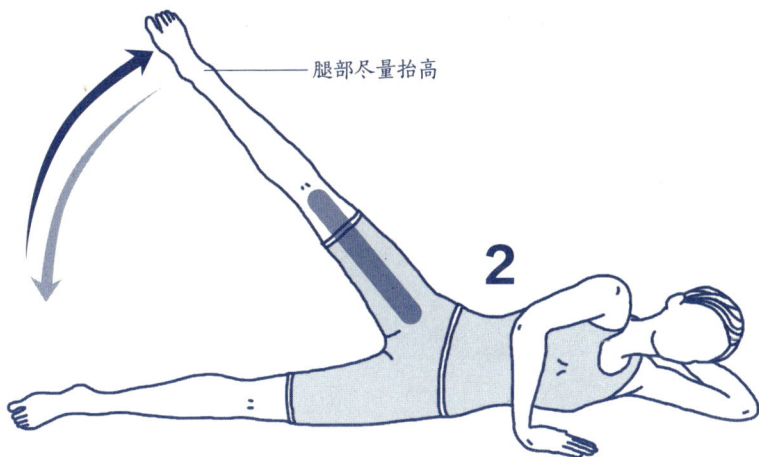

腿部尽量抬高

2

② 臀部发力，将右腿向上抬到最大限度，然后放下。反复抬腿15秒。

③ 换右侧卧抬左腿。

⚠ **注意事项**　保持抬腿的姿势1~2秒再放下。

仰卧剪刀腿

超火的瘦肚子、瘦腿动作

1

双腿向两侧打开至最大限度

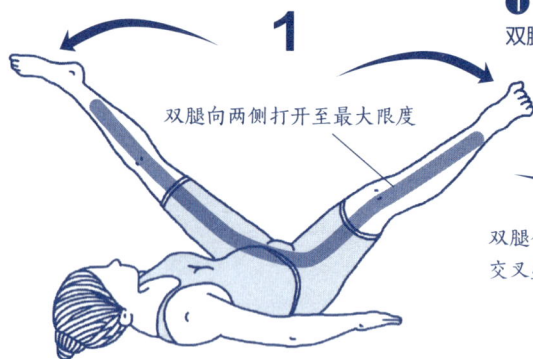

❶ 仰卧，双臂放在身体两侧，双腿向两侧打开。

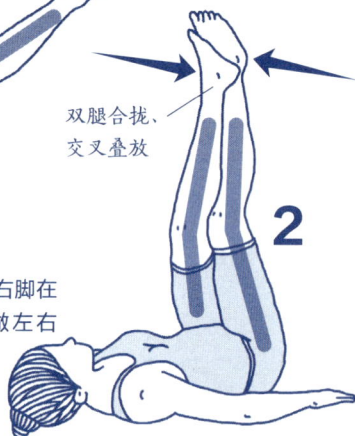

2

双腿合拢、交叉叠放

❷ 左脚在前、右脚在后交叉双腿，做左右剪刀腿动作。

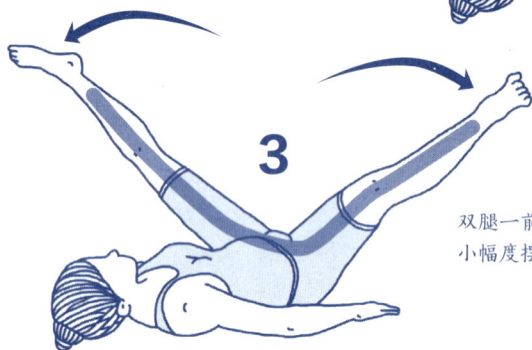

3

❸ 再向两侧打开双腿。

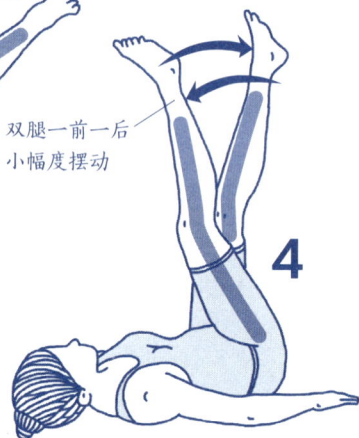

双腿一前一后小幅度摆动

4

❹ 右脚在前、左脚在后交叉双腿，做前后剪刀腿动作。

❺ 重复以上动作。

⚠ **注意事项**

双腿摆动时要按"开剪刀－合剪刀－剪东西"的顺序，不要乱了节奏。

侧边弓步

提臀又瘦腿的黄金动作

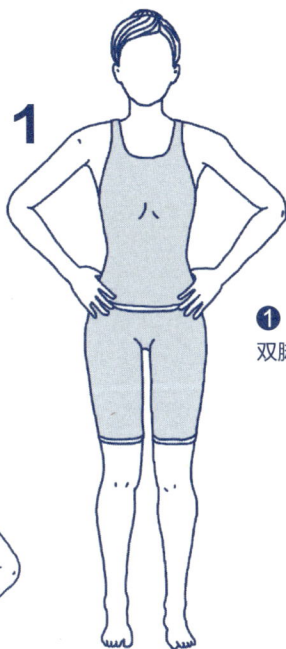

1

❶ 自然站立，双手叉髋，双脚打开与肩同宽。

2

非支撑腿要绷直

弓步时膝盖小幅度朝外

弓步时双脚的脚趾都朝前

❷ 右腿向右侧跨出一大步，然后膝盖弯曲至 90 度，左腿绷直，保持 15 秒。

3

❸ 换左腿跨步、右腿绷直重复动作。

⚠️ **注意事项**　尽量跨大步，以加强拉伸感。

桥式 简单动作，美臀、瘦腿效果好

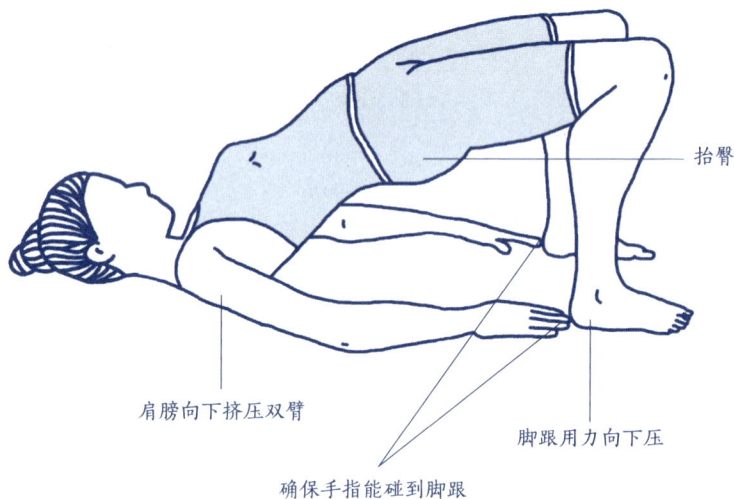

抬臀

肩膀向下挤压双臂

脚跟用力向下压

确保手指能碰到脚跟

仰卧，双臂掌心向下放在身体两侧，屈膝 90 度，臀部抬起，大腿、臀部、上身呈一条直线。保持 15 秒后，放下臀部，然后继续抬臀。

⚠️ **注意事项** 保持臀部抬起的时间不要太短。

运动难度：★★★★☆

运动方法：**以下动作分2组完成；**
每个动作各做30秒，中间休息10秒

扫码跟着学

跪地下蹲 体会大腿拉伸，感受臀部发力

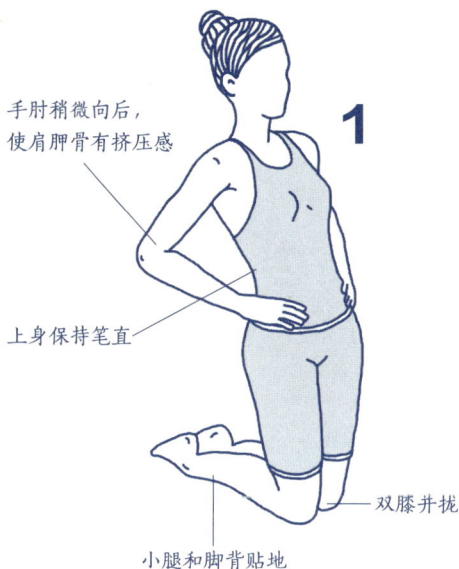

手肘稍微向后，
使肩胛骨有挤压感

1

上身保持笔直

双膝并拢

小腿和脚背贴地

2

❶ 跪坐，双膝并拢，小腿和脚背贴地，大腿与地面呈90度，上身挺直，双手叉腰，手肘稍微向后。

❷ 坐下，臀部触碰到脚跟时立即跪直。

❸ 重复以上动作。

⚠ **注意事项** 在整个运动过程中，上身要挺直。

180 度跳蹲 打造性感又结实的臀腿

旋转 180 度

❶ 自然站立，双脚打开与肩同宽，脚趾稍微朝外，下蹲至膝盖呈 90 度，同时双手握拳置于胸前。

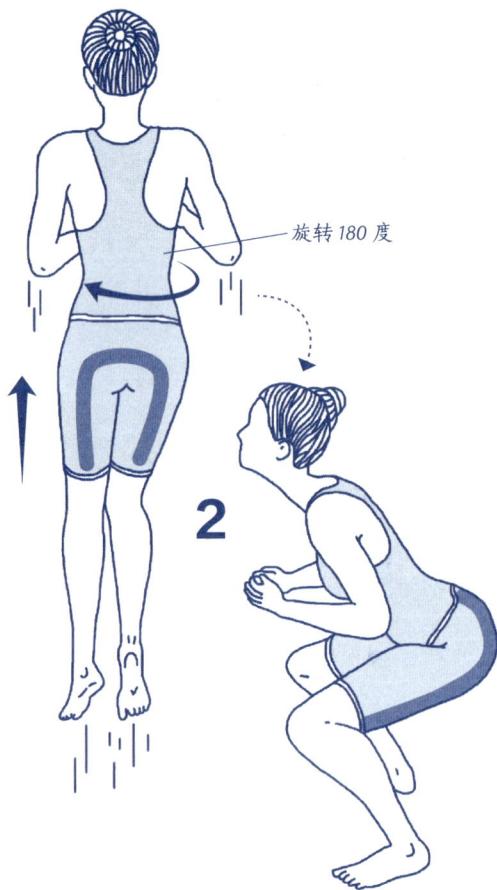

1

2

❷ 双腿蹬地，身体向上跳跃，并在空中完成 180 度旋转，然后轻轻着地，回到下蹲姿势。

❸ 重复以上动作。

⚠ 注意事项 尽量跳高一些，给空中旋转争取时间。

合腿下蹲

1

2

双腿并拢，
不要分开

❷ 下蹲至双腿膝盖呈 90 度，同时双臂向前伸直，与肩膀同高，然后站直，双臂放回身体两侧。

❸ 重复以上动作。

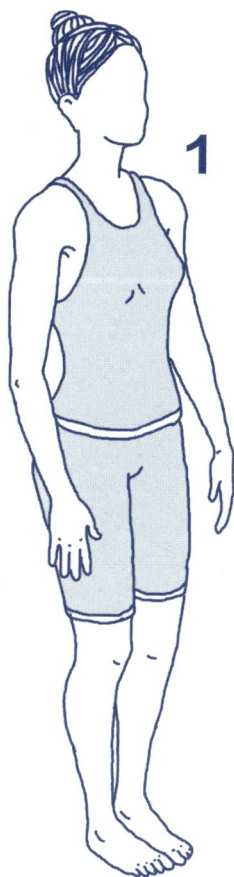

❶ 自然站立，双腿并拢，双臂放在身体两侧。

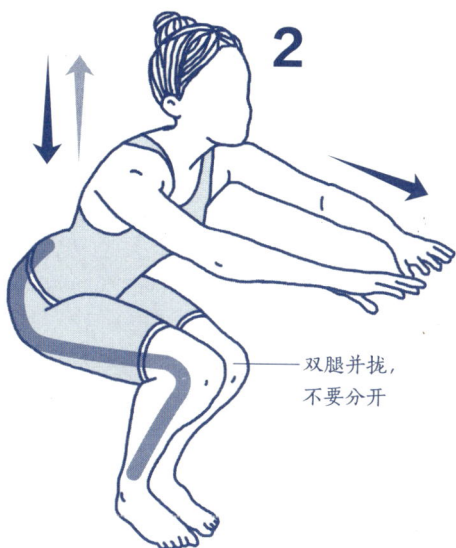

⚠️ **注意事项**

1. 运动时背部要挺直。
2. 下蹲时，注意膝盖的位置不要超过脚趾。

下蹲 + 侧踢腿

减大腿外侧赘肉，还你瘦长美腿

1 双手叉腰站立，手肘稍微朝后，双脚打开约 1.5 个肩宽，脚趾稍微朝外。双腿膝盖弯曲，下蹲至大腿与地面平行。

1

2

2 站立，左腿向侧面踢出，直至与地面平行，放腿下蹲，再次站立时踢右腿。

3 左右交替，重复以上动作。

⚠️ **注意事项**

1. 双手叉腰时手肘稍微向后，使肩胛骨有挤压感。
2. 下蹲时上身稍微前倾。

芭蕾式蹲跳

消除大腿赘肉，练就完美腿型

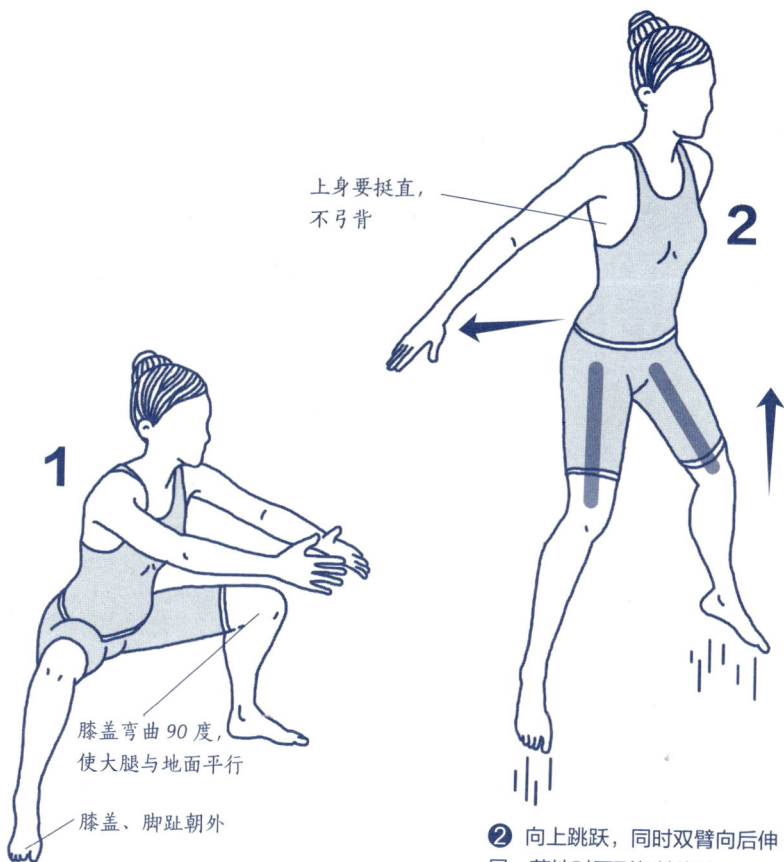

2

上身要挺直，
不弓背

1

膝盖弯曲90度，
使大腿与地面平行

膝盖、脚趾朝外

❶ 自然站立，双脚打开约 2 个肩宽，脚趾和膝盖朝外，双管放在身体两侧。下蹲至大腿与地面平行，同时伸直双臂，向前虚抱。

❷ 向上跳跃，同时双臂向后伸展，落地时回到起始姿势。

❸ 重复以上动作。

注意事项 向上跳时，脚尖离地约 2 厘米，膝盖稍微弯曲，身体稍微前倾。

小腿训练，轻轻松松瘦腿

小腿训练1：让双腿又细又长

运动难度：★★

运动方法：**以下动作分2组完成；
每个动作各做60秒，中间休息10秒**

扫码跟着学

后弓步踢腿 腿臀更有力，线条变紧致

❶ 双手叉腰站立，双腿略微打开，
右脚向后跨一大步，脚趾撑地，同
时双膝弯曲90度，直至右膝靠近
地面，呈弓步姿势。

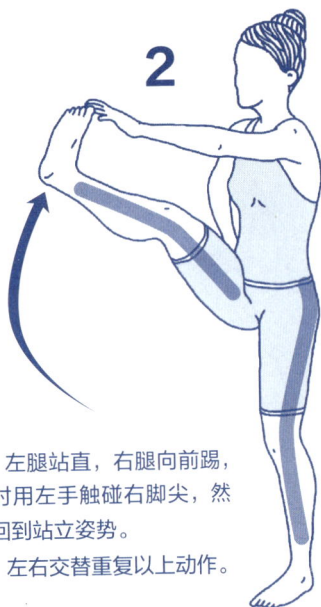

❷ 左腿站直，右腿向前踢，
同时用左手触碰右脚尖，然
后回到站立姿势。

❸ 左右交替重复以上动作。

⚠ **注意事项** 做前踢动作时，上身要挺直；尽量踢得高一些。

高抬腿并保持 花式瘦腿、瘦臀、瘦全身

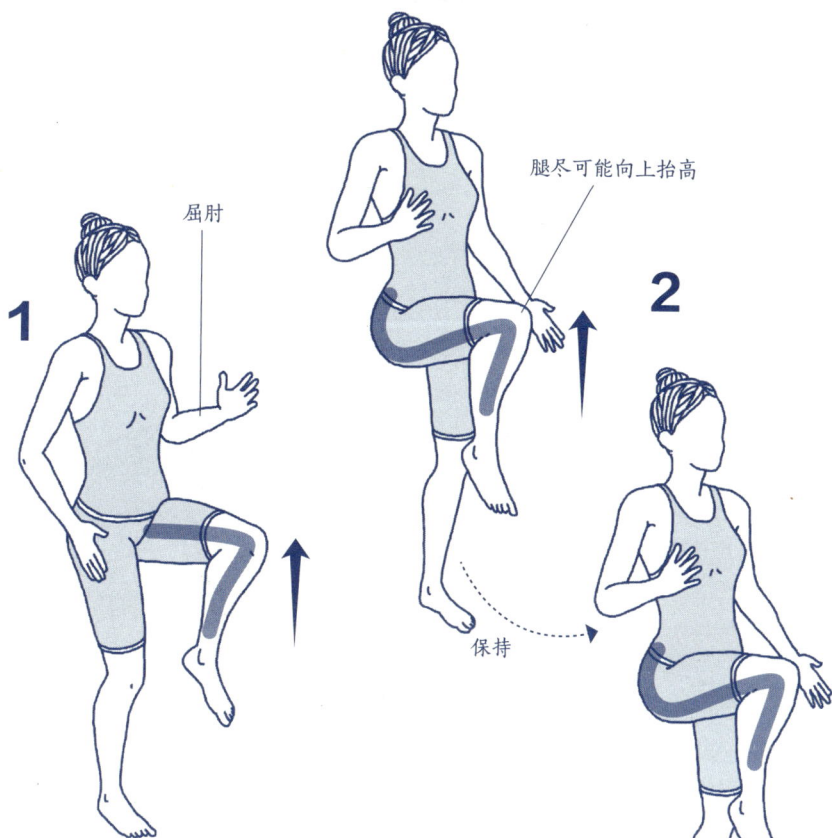

屈肘

腿尽可能向上抬高

1

2

保持

❶ 左右腿连续做高抬腿动作 4 次后，保持一条腿膝盖高抬、同侧手臂屈肘向上的姿势 1~2 秒。

❷ 换另一侧腿和手臂抬起并保持 1~2 秒。

❸ 左右交替，重复以上动作。

注意事项 运动时保持相对稳定的节奏。

靠墙直角坐

简单有效的腿部锻炼动作

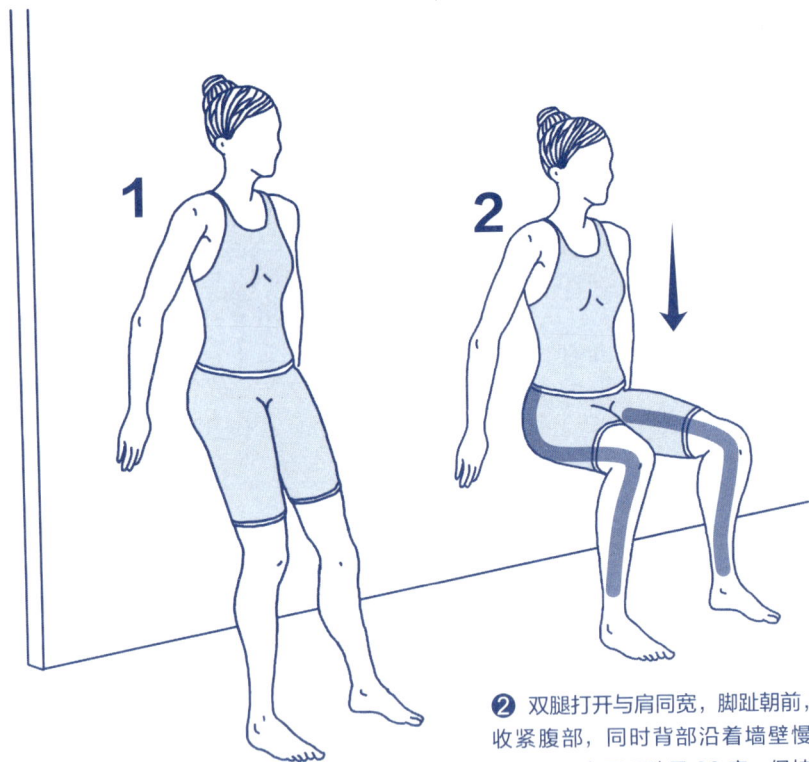

❶ 背靠在墙上，后背、肩膀、后脑紧贴墙面，双臂放在身体两侧，掌心贴墙。

❷ 双腿打开与肩同宽，脚趾朝前，收紧腹部，同时背部沿着墙壁慢慢下滑，直至双膝呈 90 度。保持30 秒，慢慢站起，恢复❶的姿势。

进阶动作：

可双手举哑铃或装满水的矿泉水瓶，使练手、练腿两不误。

⚠️ **注意事项**　靠墙坐时，背部要紧贴墙面，朝墙面施力。

小腿训练2：腿部深度塑形

运动难度：★★★

运动方法：**以下动作分2组完成；**
每个动作各做30秒，中间休息10秒

扫码跟着学

折叠小腿　简单动作随时练小腿

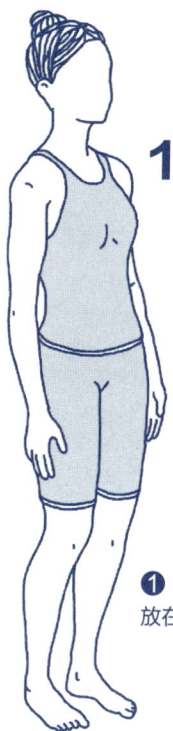

1

2

❶ 自然站立，双臂放在身体两侧。

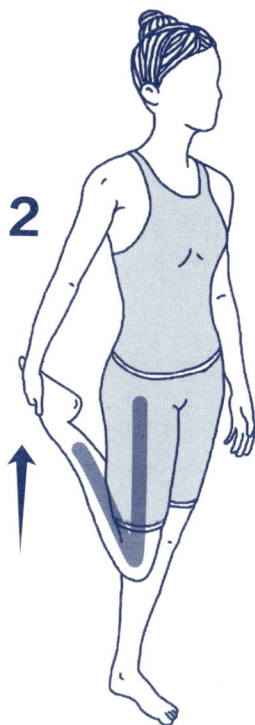

❷ 一腿屈膝向后抬起至大腿与小腿相贴，同时用同侧手握住脚背向上拉伸。保持 15 秒，换另一侧做动作。

⚠ **注意事项**

手握住脚背后，不要向上提脚，而是脚背轻轻下压。

屈膝弓步

瘦腿、缩臀更有感觉

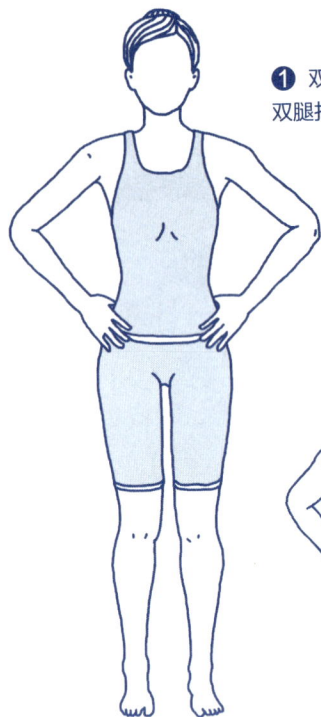

1

❶ 双手叉腰站立，手肘朝外、朝后，双腿打开与髋同宽。

2

❷ 右腿向斜后方跨一大步，膝盖弯曲并下压，靠向地面；同时左腿膝盖弯曲，呈弓步姿势。然后收腿，换左腿后跨、右腿在前做动作。

❸ 左右交替，重复以上动作。

注意事项 做弓步动作时，前面支撑腿的膝盖要保持在脚趾后面。

仰卧骑车

瘦肩，美胸，紧腹，练腿

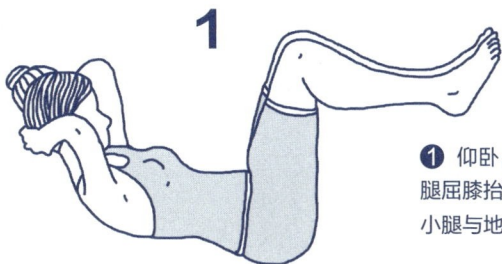

1

❶ 仰卧，双手叠放在颈后，双腿屈膝抬起，使大腿与地面垂直，小腿与地面平行。

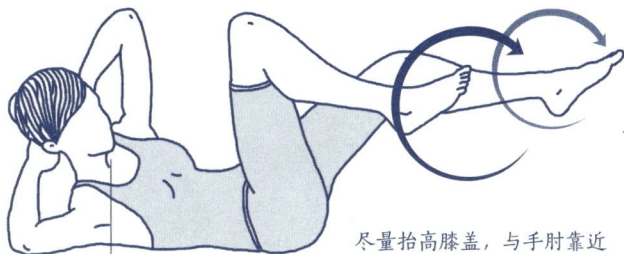

2

下巴离胸部一个拳头的距离

尽量抬高膝盖，与手肘靠近

❷ 肩部、胸部向上抬起，然后双腿做蹬自行车的动作，上身跟着腿部的动作侧转，使手肘靠向对侧膝盖。

❸ 重复以上动作。

⚠️ **注意事项**

1. 不要用手拉动头部向上抬，要靠肩部、胸部发力向上抬。
2. 手臂尽量向两侧伸展，使肩部有拉伸感。

分离跳

每天跳一跳，腰腿有力更健康

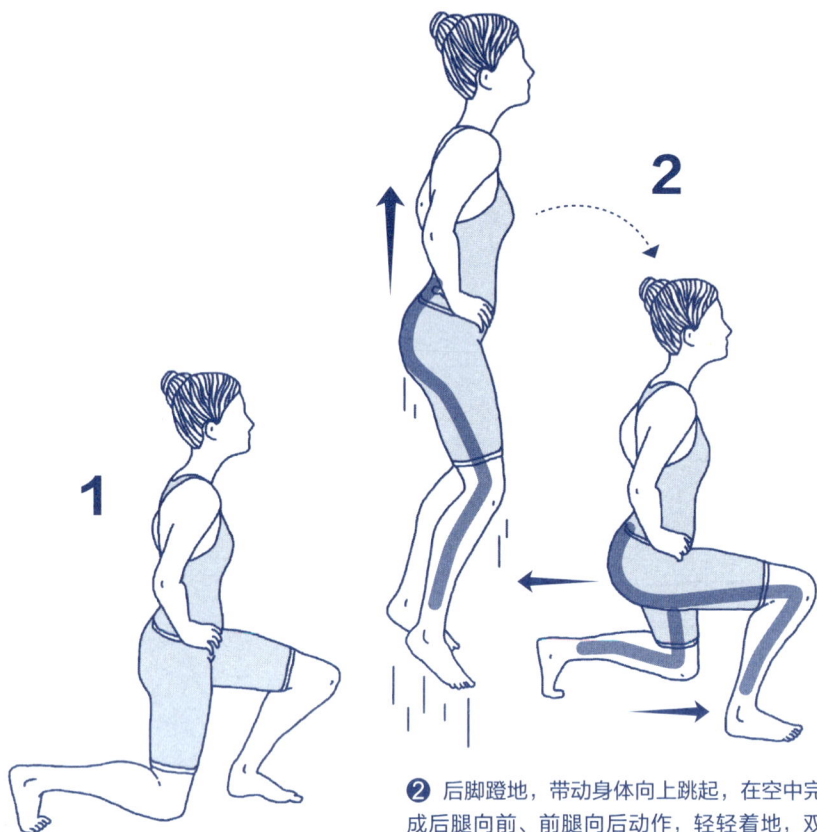

1

2

❷ 后脚蹬地，带动身体向上跳起，在空中完成后腿向前、前腿向后动作，轻轻着地，双腿依然呈弓步姿势。

❸ 重复以上动作。

❶ 自然站立，双手叉腰，双腿一腿在前、一腿在后，弯曲膝盖至90度，双腿呈弓步姿势。

⚠ **注意事项** 全程保持背部挺直，不弓背、不塌腰。

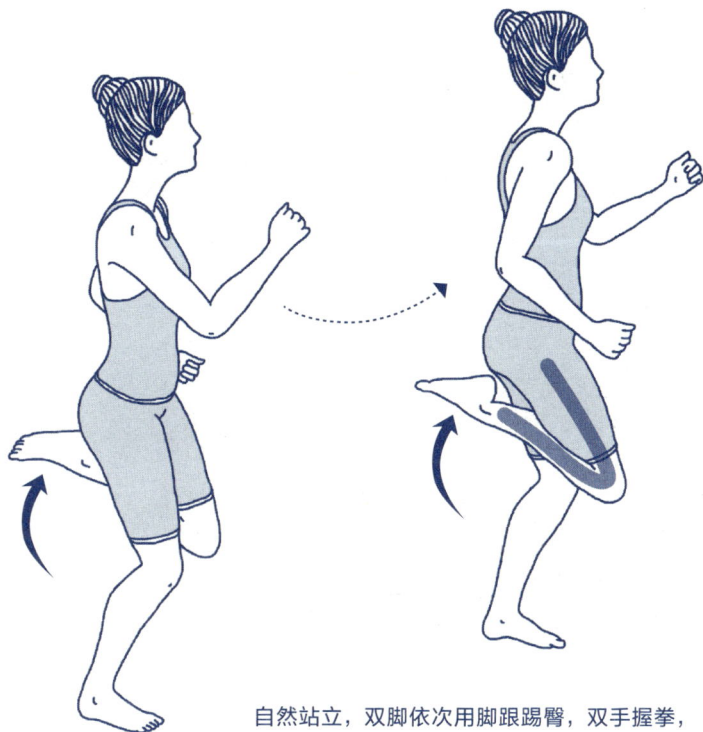

自然站立，双脚依次用脚跟踢臀，双手握拳，
双臂如原地跑步般摆动。

注意事项

1. 上身尽量固定，不晃动。
2. 踢臀的速度要尽可能快。

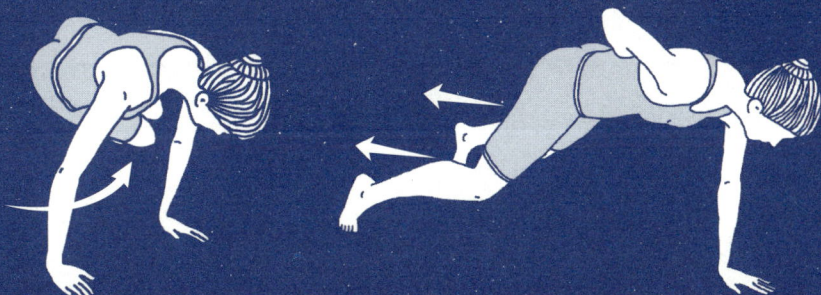

第三章

每天 7 分钟，
8 周强身健体计划

如何吃掉一头大象？

当然是"一口一口吃"。

想穿衣有型、脱衣有料、力量爆棚？

也要"一口一口吃"！

每天跟练 7 分钟，坚持 8 周，你会收获——

自信大方、身体顶呱呱的另一个自己！

热身普拉提

运动难度：★★

运动方法：**以下动作分2组完成；**
每个动作各做30秒，中间休息10秒

牛式与猫式

保养脊柱、紧致腹部的超好体式

1

❶ 起始姿势：双腿并拢，膝盖弯曲90度跪坐在地上，双臂伸直撑在肩膀下方，上身与地面平行，眼睛看向前方。

2

❷ 牛式：吸气，腰部稍微下沉，胸部上挺，使腰背处形成凹陷，同时眼睛看向高处。

3

❸ 猫式：收腹，呼气，弓背并低头看向肚脐。
❹ 重复做牛式和猫式动作。

⚠ **注意事项** 动作宜缓慢，与呼吸配合好。

半仰卧踢腿

强化肩部、胸部力量，消除腿部赘肉

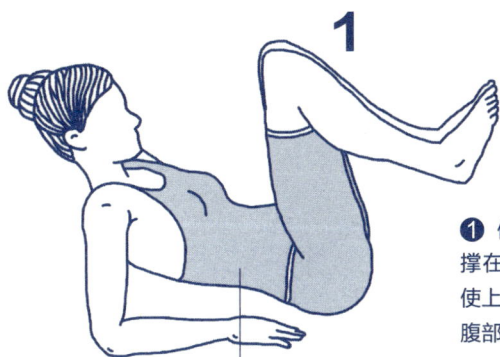

1

❶ 仰卧，手肘弯曲，手臂撑在肩膀正下方的地面上，使上身抬离地面，腰部贴地。腹部收紧，双腿抬离地面。

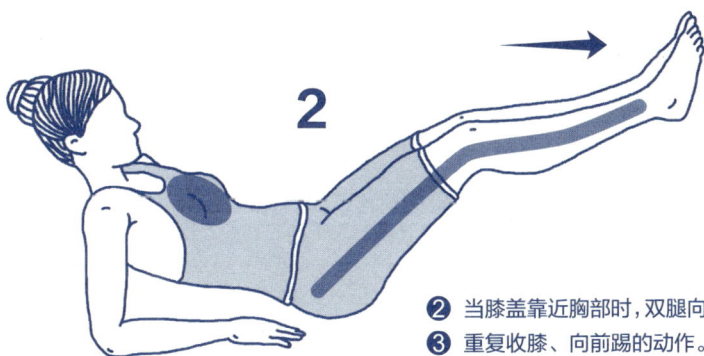

腰部贴地，不离开地面

2

❷ 当膝盖靠近胸部时，双腿向前踢。

❸ 重复收膝、向前踢的动作。

⚠ **注意事项** 运动时，腹部轻轻收紧，保持正常呼吸。

剪刀踢

1

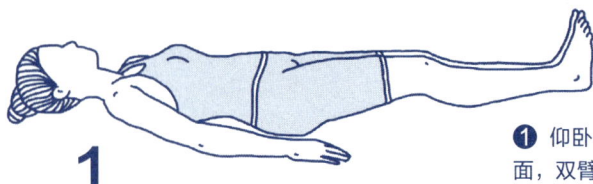

❶ 仰卧，收腹，腰背部紧贴地面，双臂放在身体两侧，双腿伸直，抬离地面 15~20 厘米。

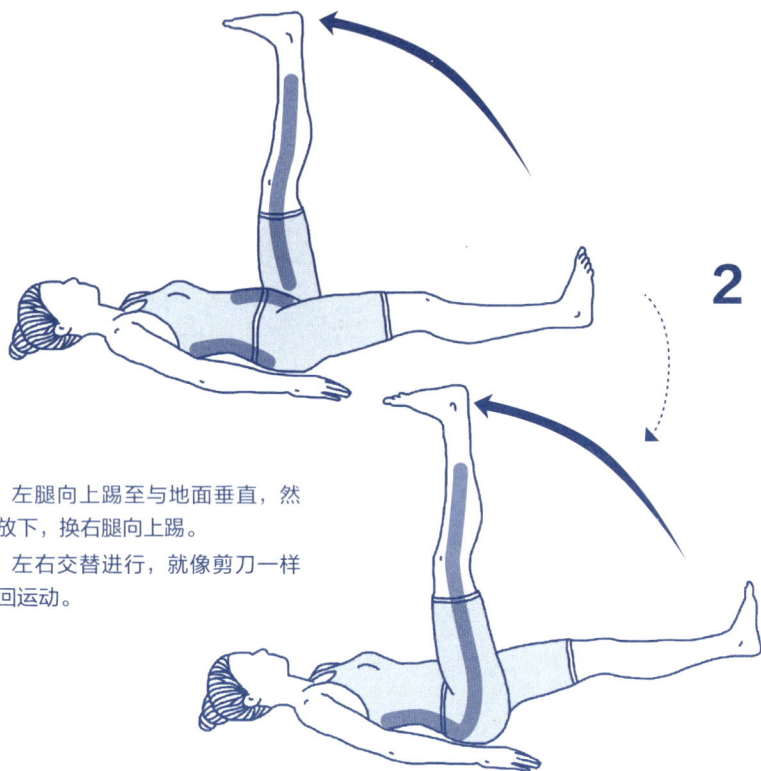

2

❷ 左腿向上踢至与地面垂直，然后放下，换右腿向上踢。

❸ 左右交替进行，就像剪刀一样来回运动。

⚠ **注意事项**
1. 在整个运动过程中，要保持腿部伸直。
2. 踢腿时肩背发力，上身保持不动。

改善肩背僵硬疼痛，收紧腹部肌肉

1

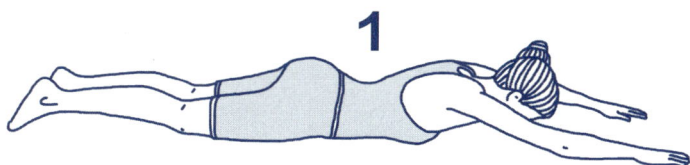

❶ 俯卧，双臂向前伸直，下巴轻碰地面，双腿伸直、略微打开，脚背贴地。

2

❷ 左臂和右腿同时抬起，并尽量向前伸手臂、向后伸腿，然后放下，换右臂和左腿做动作。

❸ 左右交替，重复以上动作。

进阶动作：

抬起手臂和腿时，保持抬升的姿势 2~4 秒。

⚠ **注意事项**

1. 抬起手臂和腿时，尽可能地伸直，使背部收紧、有牵拉感。
2. 抬起手臂和脚时，头部也稍微抬起，但不要抬太高，略微离地即可。
3. 做动作时要把握好节奏，不要太快。

下犬式俯卧撑

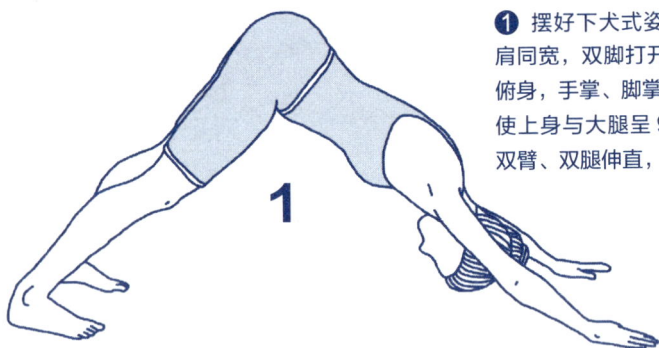

❶ 摆好下犬式姿势：双臂分开与肩同宽，双脚打开与髋同宽，然后俯身，手掌、脚掌撑地，臀部抬高，使上身与大腿呈 90 度，同时保持双臂、双腿伸直，眼睛看向膝盖。

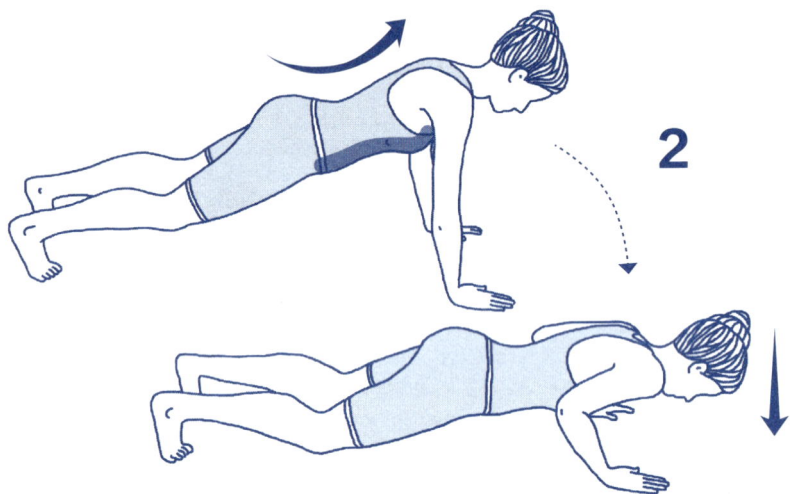

1

2

❷ 做俯卧撑：踮脚，带动身体向前，臀部下沉，双臂与肩膀垂直，身体呈俯卧撑撑起姿势，然后弯曲手肘，使身体下压直至胸部靠近地面，再伸直双臂，抬起身体，回到下犬式姿势。

❸ 重复以上动作。

⚠️ **注意事项** 做下犬式姿势时，可略微弯曲膝盖，以降低难度。

运动难度：★★

运动方法：**以下动作分2组完成；
每个动作各做30秒，中间休息10秒**

快速蹲起 增加大腿肌肉，快速翘臀

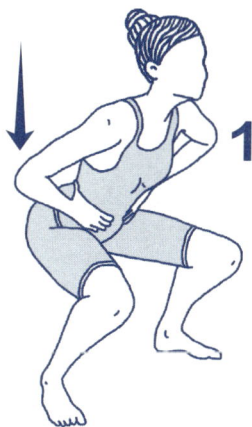

1

2

❶ 自然站立，双手叉腰，双脚打开约 1.5 个肩宽，大腿与地面平行，上身稍微前倾，眼睛看向前方。

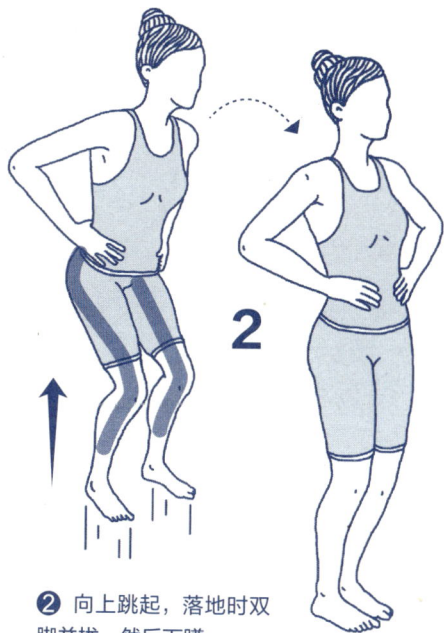

❷ 向上跳起，落地时双脚并拢，然后下蹲。

❸ 重复以上动作。

⚠️ **注意事项**

1. 不用跳太高，脚离地 3~5 厘米即可。

2. 双脚落地时，膝盖和脚趾稍微朝外，以保护膝盖。

侧体滑冰

每天"滑一滑"，纤臂美腿带你飞

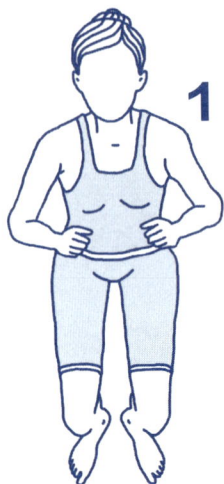

1 自然站立，身体稍微前倾，双臂屈肘放在身体两侧，双脚打开与髋同宽，脚趾朝外，膝盖略微弯曲，眼睛平视前方。

手肘在胸部前方，手掌掌心向后

不用向后蹬得太高，但膝盖要略微越过另一条腿

2 左腿跳起，蹬向右腿外侧，同时左臂摆向胸前，右臂向后侧摆动。

3 左腿回到原来的位置，换右腿跳起，并蹬向左腿外侧，右臂摆向胸前，左臂向后侧摆动。

4 左右交替，重复以上动作。

⚠ **注意事项** 运动时注意节奏，腿向后蹬和摆臂的动作要协调。

前倾假步 一项简单又高效的减肥运动

1

后方的腿与抬起的双臂尽量呈一条直线

❶ 自然站立，屈膝，稍微弯腰，双臂伸直向上抬，同时右脚向后伸直，呈弓步姿势。

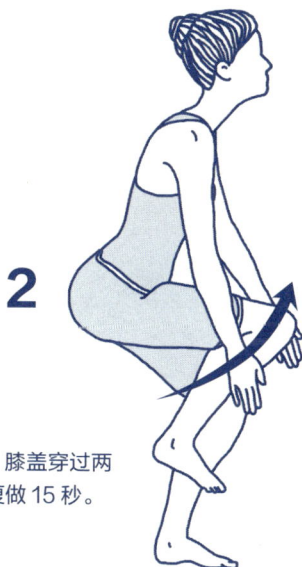

2

❷ 双臂放下，右腿收回，膝盖穿过两臂之间后尽量往上抬。重复做 15 秒。
❸ 换左脚重复以上动作。

⚠ **注意事项** 运动时注意节奏，不要太慢。

下蹲交叉步 臀部更紧致，腿部更有力

1

2

❷ 前后交叉跳：向上跳起，空中两腿前后交叉，落地时呈下蹲姿势。

3

❶ 下蹲：自然站立，双手叉腰，手肘稍微朝后，双脚打开约 1.5 个肩宽，脚趾稍微朝外，膝盖弯曲，下蹲至大腿与地面平行。

❸ 左右交叉跳：向上跳跃，空中两腿左右交叉，落地时呈下蹲姿势。

❹ 重复下蹲 + 前后交叉跳 + 左右交叉跳的动作，交叉跳时注意换腿。

⚠ **注意事项**　跳起的高度尽量高，以便有充分的时间完成双腿交叉动作。

肚子平了，大腿围也小了

❶ 自然站立，双脚打开约 1.5 个肩宽，脚趾稍微朝外，双臂放在身体两侧。

1

用手触碰对侧脚趾

2

❷ 向下弯曲身体 90 度，同时左膝盖朝外并弯曲约 90 度，用右手触碰左脚脚趾，左手随身体摆到身体的侧后方，接着换右膝盖弯曲，左手碰右脚脚趾，右于摆到身体侧后方。

❸ 左右交替重复以上动作。

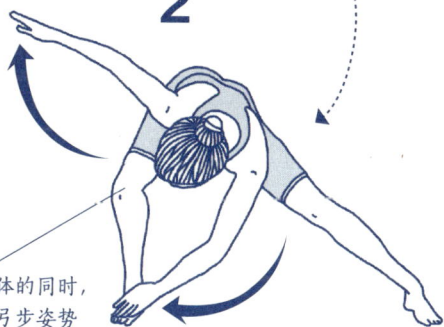

向下弯曲身体的同时，膝盖弯曲呈弓步姿势

进阶动作：

用手碰对侧脚趾时，尽量绷直双腿，以增加拉伸难度。

⚠ **注意事项**　上身保持挺直，不弓背、不塌腰。

151

运动难度：★★★
运动方法：**以下动作分2组完成；每个动作各做30秒，中间休息10秒**

扫码跟着学

碎步

"碎"掉赘肉，腿部线条更完美

1

2

❶ 自然站立，双脚打开与髋同宽，膝盖稍微弯曲，上身稍微前倾，双臂放在身体两侧。

❷ 双脚脚跟抬起，脚掌像弹簧一样，左右轮流快速向上"弹起"，同时双臂跟随脚步的节奏前后摆动。

⚠ **注意事项**

1. 做这套动作时要保持较快的速度，才能有效锻炼大腿和小腿的肌肉。
2. 弹起时脚不要抬高，离地2~3厘米即可，落下时脚跟不要着地。

跳绳剪刀踢

1

2

❶ 自然站立，双臂放在身体两侧，双脚稍微打开。

❷ 跳绳 + 剪刀踢：右腿稍微屈膝，向前跳一小步，同时左腿向后跳一小步，然后向上跳，换左腿在前、右腿在后。跳跃时手肘弯曲，手臂跟随跳跃的节奏前后摆动。

❸ 重复以上动作。

进阶动作：

可屈肘握拳，放在腰部两侧，跳跃时双臂同时做摇绳的动作。

⚠️ **注意事项**　跳绳时上身要保持笔直。

蹬台阶

让臀部和大腿的线条更分明

❶ 准备一把椅子，站在椅子前方 20~30 厘米处，双臂放在身体两侧。

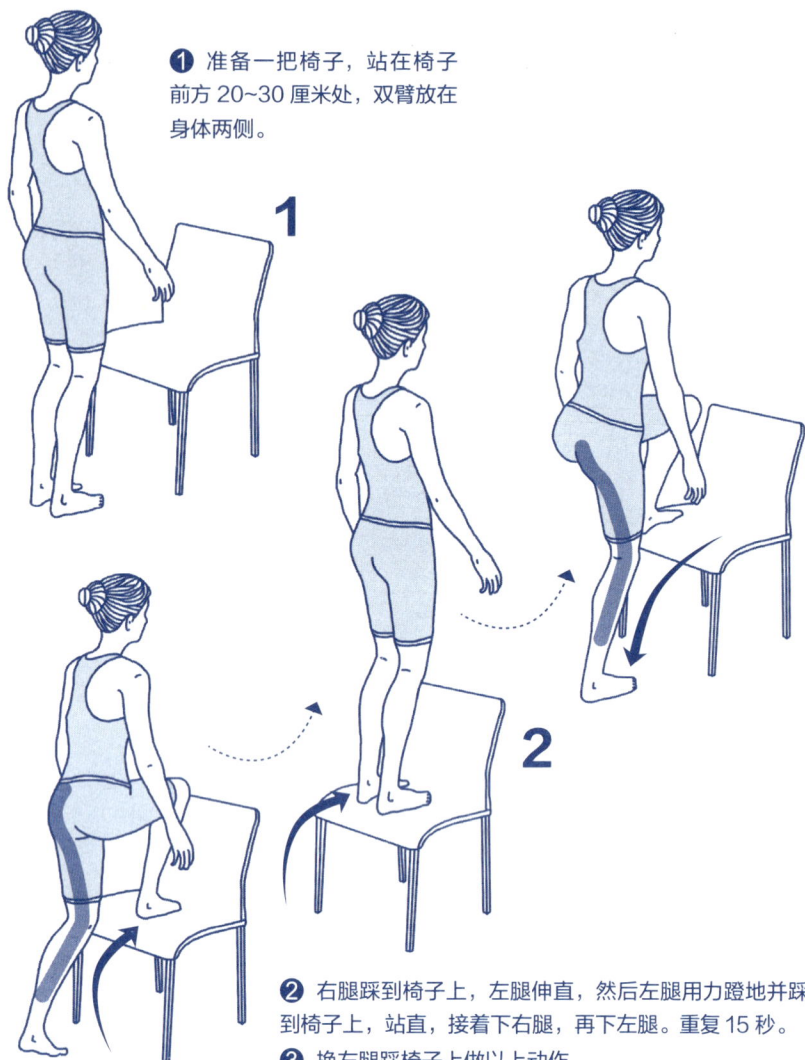

1

2

❷ 右腿踩到椅子上，左腿伸直，然后左腿用力蹬地并踩到椅子上，站直，接着下右腿，再下左腿。重复 15 秒。

❸ 换左腿踩椅子上做以上动作。

注意事项

1. 可从低一点的椅子开始，慢慢过渡到高一点的椅子。
2. 运动时注意身体平衡，把握好节奏，以防摔倒。

高抬腿并保持 花式瘦腿、瘦臀、瘦全身

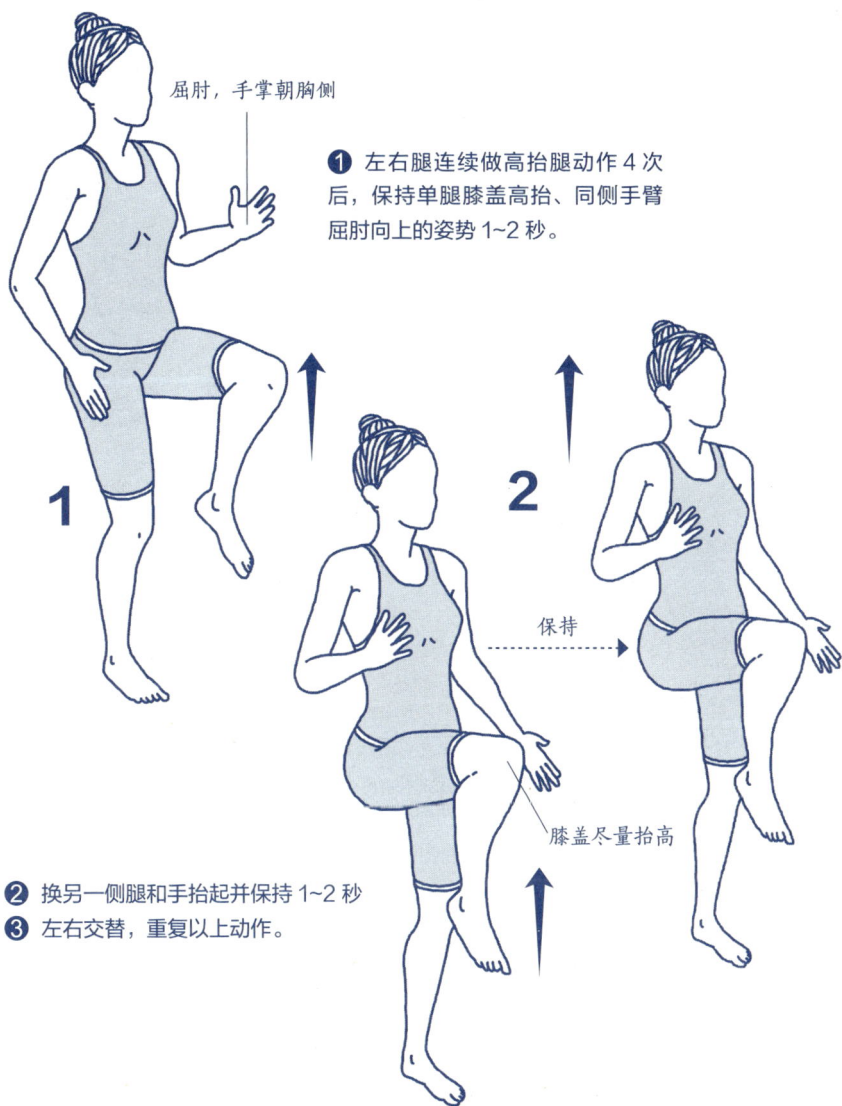

屈肘，手掌朝胸侧

❶ 左右腿连续做高抬腿动作 4 次后，保持单腿膝盖高抬、同侧手臂屈肘向上的姿势 1~2 秒。

1

2

保持 - - - - - - >

膝盖尽量抬高

❷ 换另一侧腿和手抬起并保持 1~2 秒
❸ 左右交替，重复以上动作。

⚠ **注意事项**　注意保持节奏稳定，不要时快时慢。

弓步蹲跳

比深蹲还爽的瘦腿动作

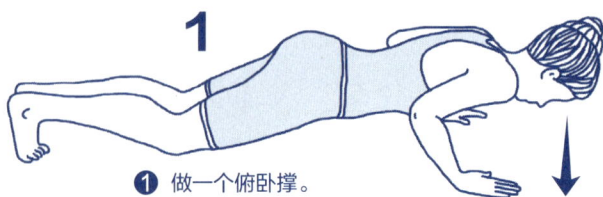

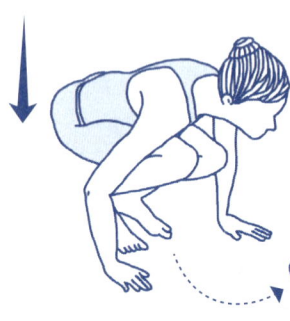

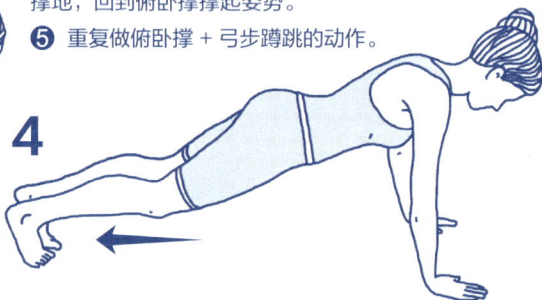

1

❶ 做一个俯卧撑。

2

❷ 站起，双手叉腰，双脚蹬地轻轻向上跳，落地时一脚向后跨一大步，双腿膝盖弯曲90度，呈弓步姿势。

3

❸ 停顿1秒后，再向上跳，落地时前后脚位置交换，呈弓步姿势。

❹ 双脚跳回中间位置，然后下蹲，双手撑地，回到俯卧撑撑起姿势。

❺ 重复做俯卧撑＋弓步蹲跳的动作。

4

注意事项

1. 在整个运动过程中，要保持腰背挺直。
2. 做弓步蹲跳时，不要跳太高，离地面2-3厘米即可。

运动难度：★★★

运动方法：**以下动作分2组完成；每个动作各做30秒，中间休息10秒**

扫码跟着学

撑体摆膝 肩部"撑一撑"，腹部"扭一扭"

1

❶ 先保持俯卧撑撑起姿势。

2

❷ 左腿屈膝抬向右臂手肘，同时带动腰背稍微向右旋转。

3

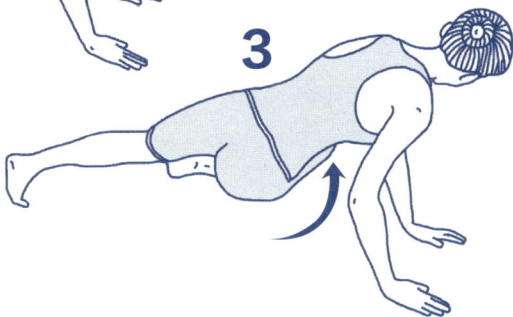

❸ 回到起始姿势，换右腿屈膝抬向左臂手肘，同时向左旋转腰背。

❹ 左右交替重复以上动作。

⚠️ **注意事项**

1. 抬起的腿膝盖弯曲90度，尽量靠近对侧手肘。
2. 在整个运动过程中，肩膀、手部尽量保持不动。

前踢腿

让腿部好看又有力量

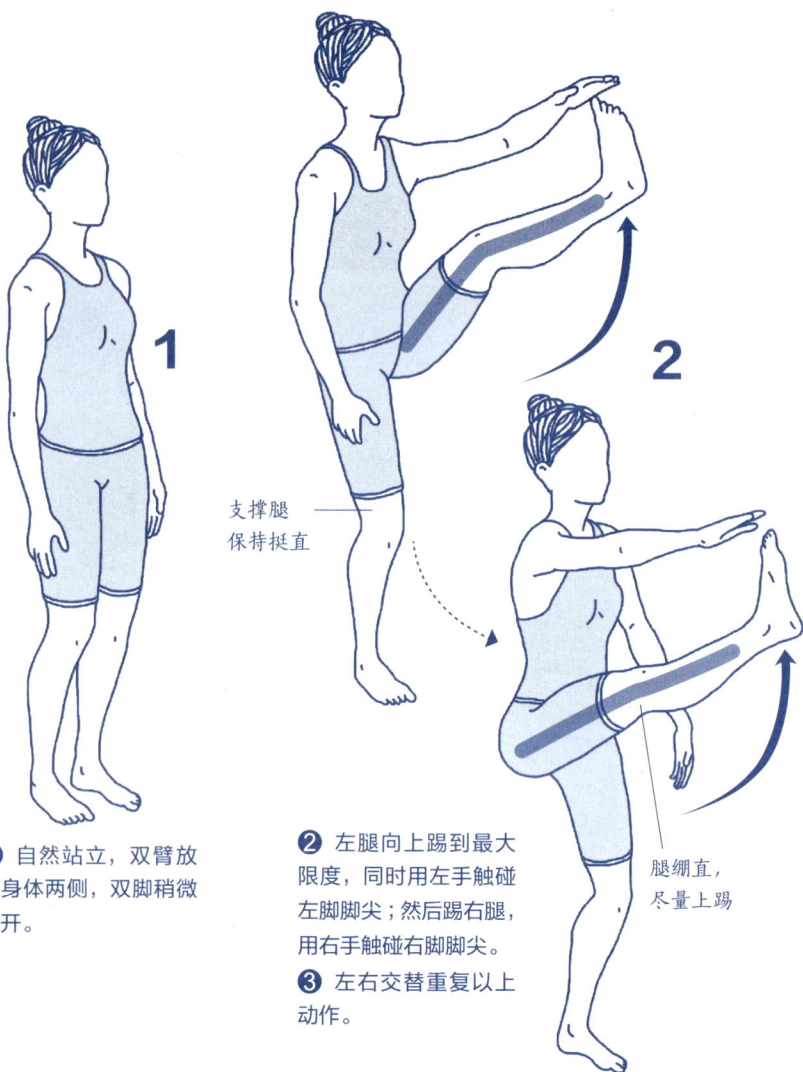

1

支撑腿
保持挺直

2

腿绷直，
尽量上踢

❶ 自然站立，双臂放在身体两侧，双脚稍微打开。

❷ 左腿向上踢到最大限度，同时用左手触碰左脚脚尖；然后踢右腿，用右手触碰右脚脚尖。

❸ 左右交替重复以上动作。

⚠️ **注意事项**
1. 也可以用左手碰右脚，右手碰左脚。
2. 向上踢腿时，支撑腿和身体都要挺直。

单腿摆动

左手扶墙站立，右手叉腰；左腿支撑，右腿先从左腿前方摆向墙壁，即将触碰墙壁时再摆向身体右侧。重复摆动 15 秒后，换另一侧做以上动作。

⚠️ **注意事项**　摆动时要臀部发力，避免惯性摆动。

驴式踢腿

翘臀不粗腿，简单好上手

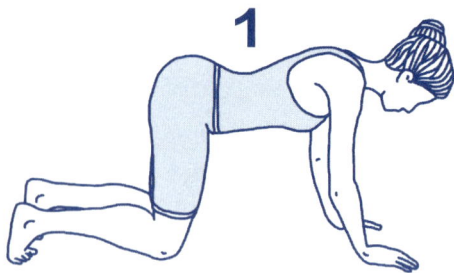

1

❶ 四肢跪地，双手撑在肩膀下方，手指朝前，膝盖跪在地上，脚趾撑地，同时臀部与背部、头部呈一条直线。

2

膝盖保持弯曲 90 度，大腿与臀部呈一条直线

❷ 将右腿抬起（保持膝盖弯曲90度）笔直上踢，当大腿与臀部呈一条直线时，放下右腿，换左腿上踢。

❸ 左右交替，重复以上动作。

⚠ 注意事项

1. 在整个运动过程中，背部要挺直，上身要保持稳定。
2. 向后踢腿时，要臀部发力，上踢的幅度不要太大，以大腿与地面平行、膝盖不高过臀部为宜。

蝶式提臀 改善骨盆前倾，让臀部更紧实

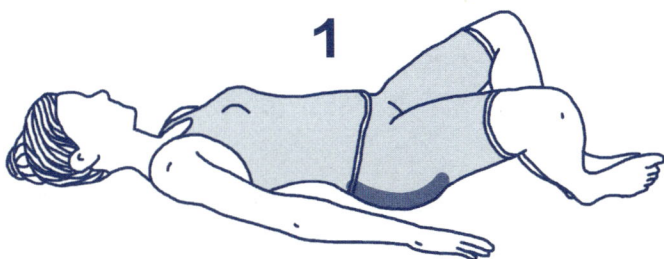

1

① 仰卧，双臂伸直放在身体两侧，双腿膝盖弯曲、脚心相贴。

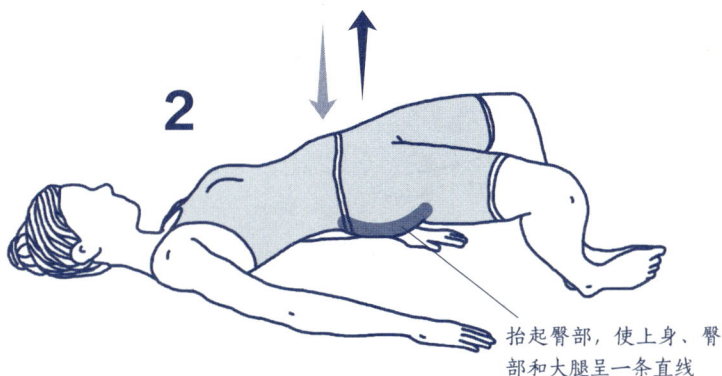

2

抬起臀部，使上身、臀部和大腿呈一条直线

② 腹部收紧，向上抬起臀部，直至上身、臀部和大腿呈一条直线，保持 1~2 秒，然后慢慢放下，臀部稍微触碰地面时再次抬起。

③ 重复以上动作。

进阶动作：

配合呼吸，抬起臀部时吸气，放下时呼气。

⚠️ **注意事项** 抬臀和放下都要控制速度，不要太快。

第5周 强身塑形有氧操

运动难度：★★★★

运动方法：**以下动作分2组完成；**
每个动作各做30秒，中间休息10秒

扫码跟着学

仰卧提臀 挤压背部，收紧腹部，提升臀部

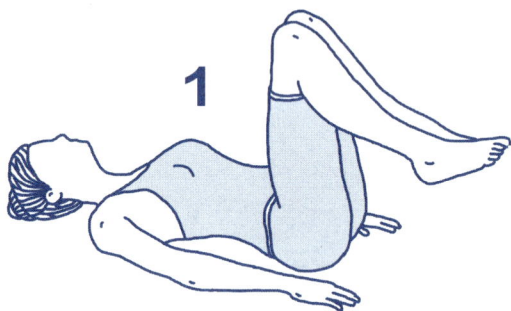

1

❶ 仰卧，双臂放在身体两侧，掌心朝地，双脚并拢，膝盖弯曲接近 90 度，然后抬起双腿直至大腿与地面垂直。

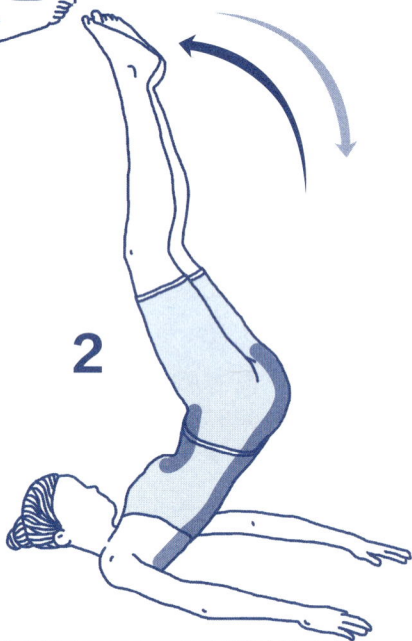

2

❷ 下腹发力，臀部、背部抬离地面，同时双腿伸直向上踢，直至胸部靠近下巴，然后回到起始姿势，重复提臀动作。

⚠️ **注意事项**

提臀时要腹部发力，避免腰部用力，以免腰部受伤。

162

飞翔开合跳

让你暴瘦，保持年轻状态

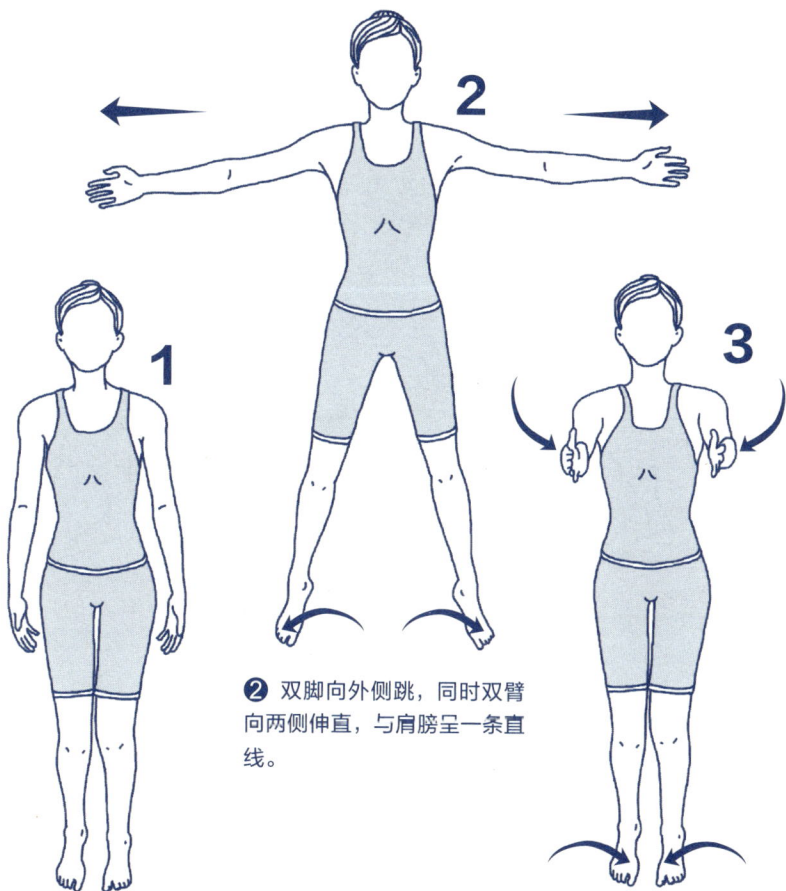

1

2

3

❷ 双脚向外侧跳，同时双臂向两侧伸直，与肩膀呈一条直线。

❶ 自然站直，双臂放在身体两侧，双脚略微打开。

❸ 落地后双脚立即向内跳，双臂向前伸直。

❹ 重复以上动作。

注意事项

1. 控制好身体平衡，加快跳跃的速度。

2. 跳跃时，膝盖和脚趾稍微朝外，落地时膝盖稍微弯曲，以保护膝盖。

假步 + 俯卧撑

迅速提升体能的黄金搭档

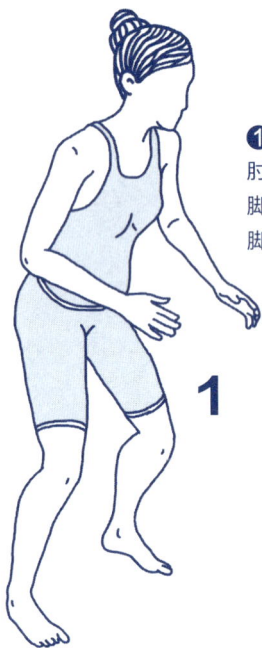

❶ 自然站立，上身稍微前倾，手肘弯曲 90 度，放在身体两侧，双脚打开略比肩宽，膝盖稍微弯曲，脚趾稍微朝外。

1

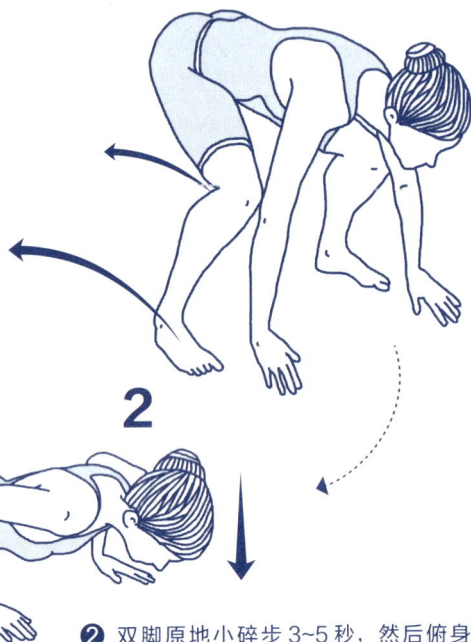

2

❷ 双脚原地小碎步 3~5 秒，然后俯身，手掌撑地，双脚后跳，伸直并脚趾撑地，做一个俯卧撑。

❸ 起立，回到起始姿势。重复以上动作。

⚠ **注意事项** 双脚向后跳后要伸直。

下蹲高抬腿

1

❷ 站起时，将左膝抬向右侧胸部。

2

❶ 双手叉腰，拇指在后，双脚打开约1.5个肩宽，脚趾稍微朝外，背部挺直，弯曲双膝至90度，做下蹲动作。

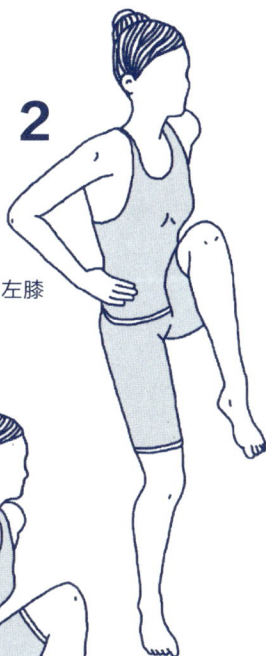

3

4

❸ 收回左膝，再做下蹲。

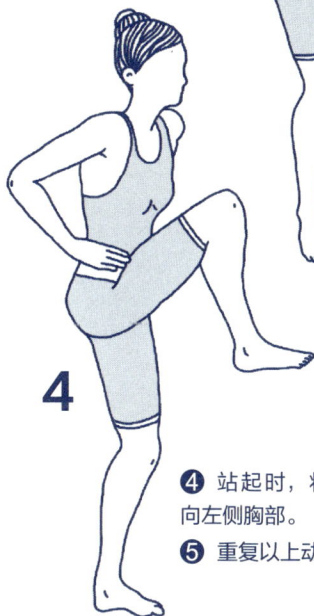

❹ 站起时，将右膝抬向左侧胸部。

❺ 重复以上动作。

⚠ **注意事项** 在整个运动过程中，保持肩部与地面垂直。

单抬腿弓步

上身与地面平行，
背部全程要挺直

1

❶ 自然站立，左腿向后伸直，脚趾撑地，同时俯身至上身与地面平行，右手伸直放在后腰，左手撑在肩膀正下方的地上。

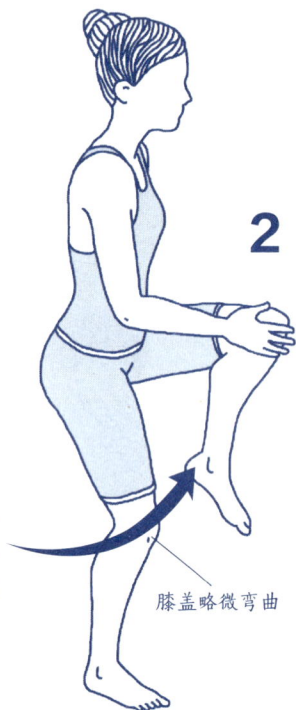

2

❷ 左脚脚趾蹬地并往上抬腿，带动身体站立，并将左膝盖抬到胸前，同时左手抬起放在身侧，右手触碰左膝盖，然后回到单手撑地做弓步的姿势。重复动作15秒。换另一侧做以上动作。

膝盖略微弯曲

⚠ **注意事项**

1. 在整个运动过程中，保持腰背挺直。
2. 站立时，支撑腿的膝盖略微弯曲，以保持身体平衡。

仰卧撑体对角转

花式转体，瘦全身

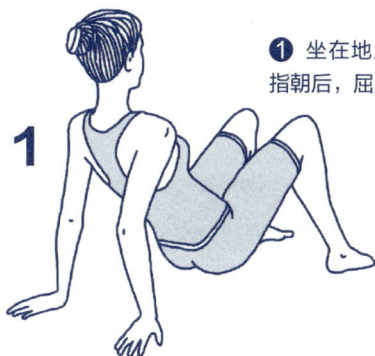

1

❶ 坐在地上，双掌撑在地上，手指朝后，屈膝90度，脚掌撑地。

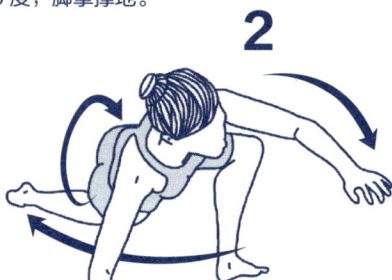

2

❷ 右臂、左脚支撑身体，身体向右旋转，右腿从左腿下方穿过并尽量伸展，左臂向右伸展。

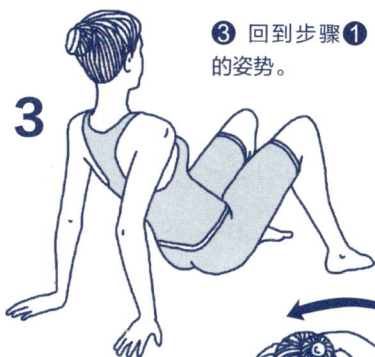

3

❸ 回到步骤❶的姿势。

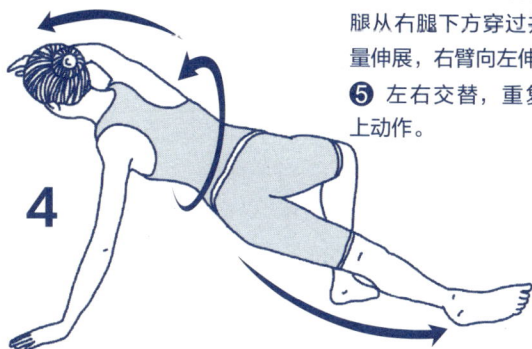

❹ 左臂、右脚支撑身体，身体向左旋转，左腿从右腿下方穿过并尽量伸展，右臂向左伸展。

❺ 左右交替，重复以上动作。

4

⚠ **注意事项**

1. 旋转时腿部和手臂尽量向外伸直。
2. 支撑脚压住地面以稳住膝盖。

运动难度：★★★★

运动方法：**以下动作分2组完成；**
每个动作各做30秒，中间休息10秒

扫码跟着学

撑体蛙跳 提升手、腹、臀、腿的力量

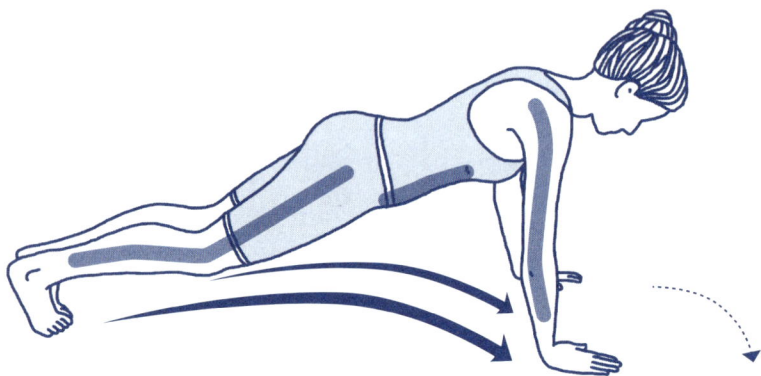

❶ 先保持俯卧撑撑起姿势，然后双腿打开并跳向双手两侧，双手撑地的位置不动，双脚落地时双膝与地面呈90度。

❷ 重复以上动作。

⚠ **注意事项**

1. 跳跃时，双手位置保持不动。
2. 双腿落地时，要落在双手两侧，就像青蛙蹲着的姿势。

撑体碰肩

绷紧腹部，感受肩、臂张力

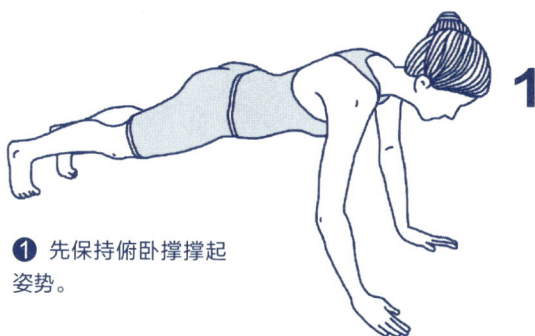

1

❶ 先保持俯卧撑撑起姿势。

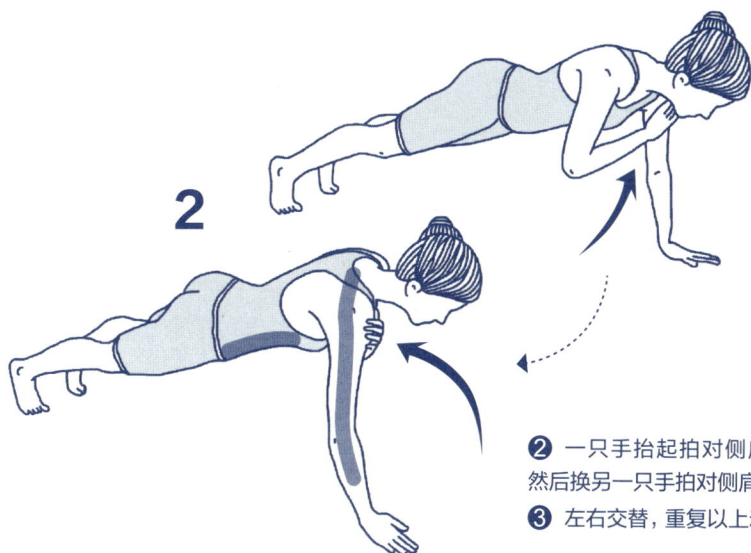

2

❷ 一只手抬起拍对侧肩膀，然后换另一只手拍对侧肩膀。

❸ 左右交替，重复以上动作。

进阶动作：

拍一侧肩膀后，增加一组俯卧撑动作，再拍另一侧。

⚠ **注意事项**

1. 拍肩膀时，身体要挺直，不弓背、不塌腰。
2. 控制好节奏，换边速度不要太快，以保持身体平衡。

蹲跳
超强瘦腿 & 锻炼腿部肌肉力量

1

臀部、大腿上抬、下压，以"积蓄"跳跃力量

2

❶ 双脚打开约 1.5 个肩宽，膝盖弯曲使大腿与地面平行，同时上身挺直，稍微前倾，双臂向前伸直，与肩同高。

❷ 臀部、大腿稍微上抬，然后下压，做 2 次；脚跟蹬地向上跳跃，在空中完成身体伸直、向后摆臂的动作。轻轻落地，并回到深蹲的姿势。

❸ 重复以上动作。

注意事项

臀部、大腿做上抬、下压动作时，要给小腿施力，以增加腿部的张力。

俯卧四肢上摆

让肩膀更有力、腹部更紧致

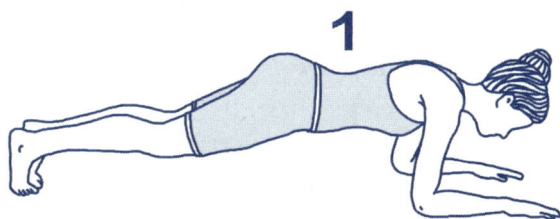

1

① 先保持俯卧撑撑起姿势，然后弯曲手肘呈 90 度，小臂和手掌朝前撑在地面上。

2

② 右臂抬起向前伸直，同时左腿向上抬离地面，然后放下，换左臂和右腿做动作。

③ 左右交替，重复以上动作。

进阶动作：

手臂、腿伸直后保持 2~3 秒，然后换另一侧进行。

⚠ **注意事项**　做动作的速度不要太快，可以稍微缓慢一些。

拍手俯卧撑

增强胸部力量，提升爆发力

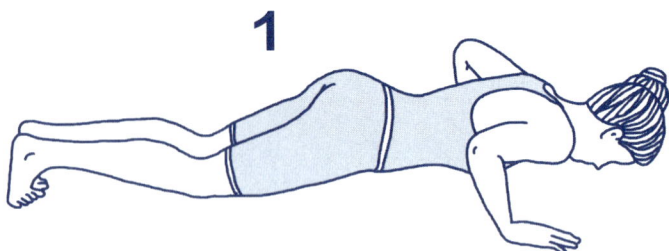

1

❶ 保持俯卧撑撑起姿势，然后弯曲手臂，身体向下压。

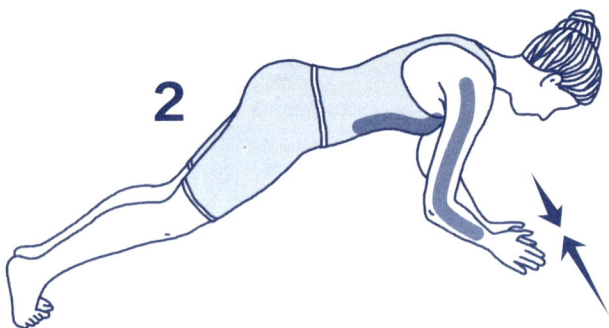

2

❷ 当胸部靠近地面时，双臂迅速撑起身体，在空中完成击掌动作，然后双手落回原地。

❸ 重复以上动作。

⚠ **注意事项**
1. 撑起身体时，动作要迅速并且有爆发力，以争取时间击掌。
2. 如果觉得有困难，可先膝盖着地，降低难度。

倒撑体踢腿

轻松实现全身线条变紧致

1

❶ 坐在地上，身体后仰，双手撑在肩部下方。

大臂与肩膀垂直，手肘稍微弯曲，手指朝向脚

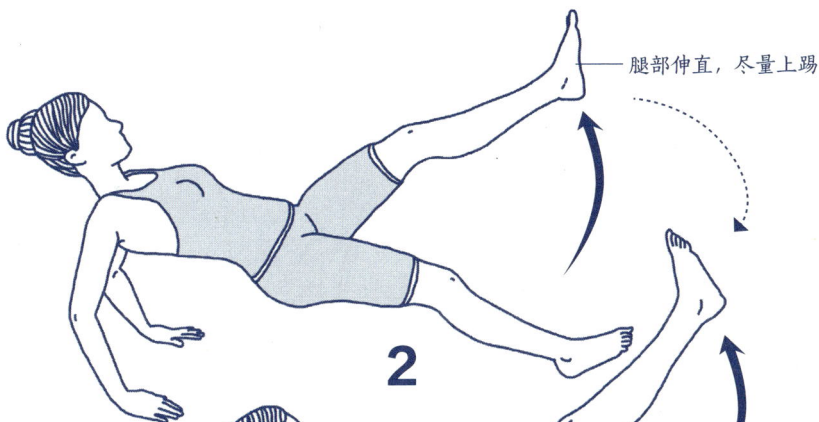

腿部伸直，尽量上踢

2

❷ 双腿伸直，脚跟着地，抬起臀部使身体呈一条直线，然后臀部发力，双腿交替上踢。

⚠️ **注意事项**

腿尽量向上踢；踢腿时臀部发力，上身尽量保持不动。

全身Pro级锻炼

运动难度：★★★★★

运动方法：**以下动作分2组完成；**
每个动作各做30秒，中间休息10秒

椅上收膝　消除小肚腩，塑造腰腿线条

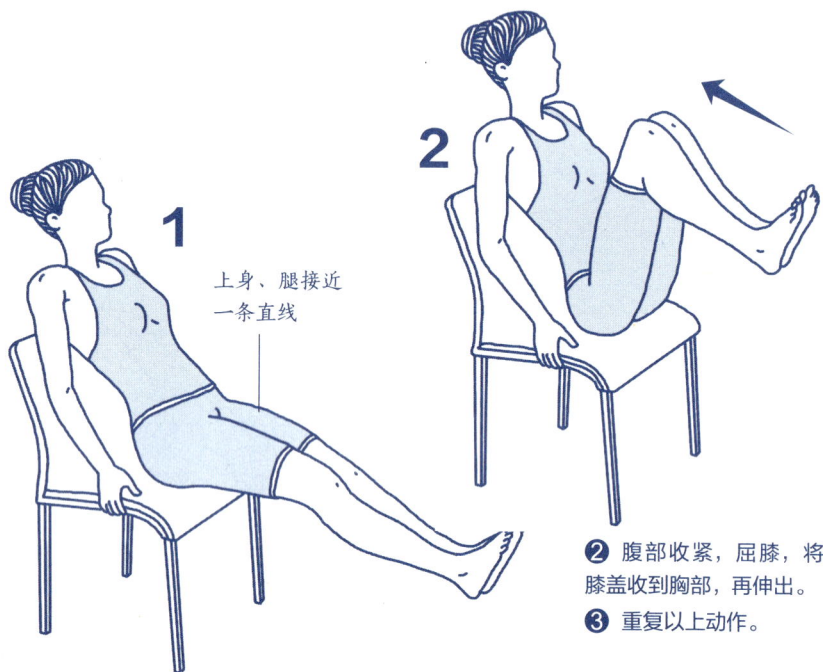

1

上身、腿接近
一条直线

2

❶ 坐在椅子上，双手握住椅子边缘，
身体后仰，双腿并拢，抬起。

❷ 腹部收紧，屈膝，将
膝盖收到胸部，再伸出。

❸ 重复以上动作。

⚠ **注意事项**　双手握紧椅子边缘，背部紧靠椅子。

侧撑体弯腿屈臂

头部、上身、臀腿呈一条直线

1

与肩膀垂直

❶ 右侧卧，右臂撑地伸直，左臂稍微屈肘并伸过头顶，臀部抬离地面，双腿伸直自然叠放。

尽量抬高，靠近手肘

2

❷ 左臂收回并弯曲手肘，同时左腿弯曲膝盖并向上抬起，尽量靠近左臂手肘，然后回到起始姿势。

❸ 换另一侧做动作。

⚠️ **注意事项**　可先小臂、手掌撑地，待手臂力量增强后再手臂伸直、手掌撑地。

收膝波比跳

1

❶ 先保持俯卧撑撑起姿势，然后左右腿交替向胸部做高抬腿动作。

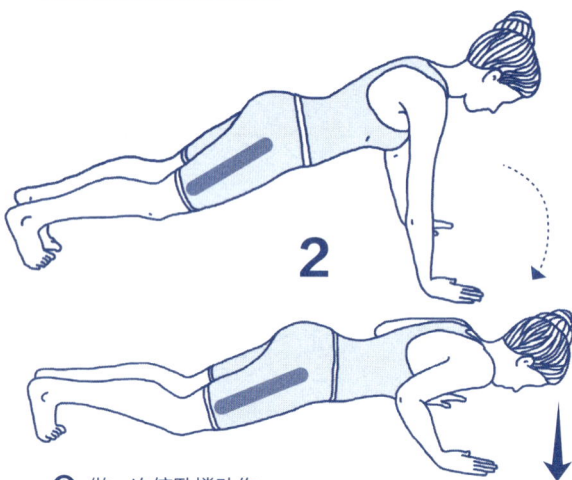

2

❷ 做一次俯卧撑动作。

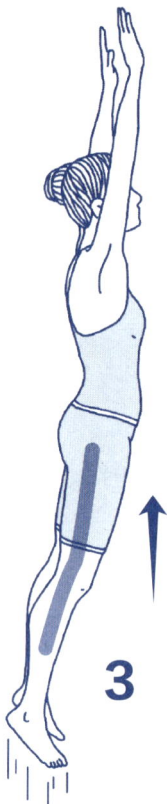

3

❸ 再做一组波比跳。
❹ 重复以上动作。

⚠ **注意事项**　速度不必太快，每个动作都要做到位。

176

360 度跳蹲

蹲出性感苹果臀，跳走全身赘肉

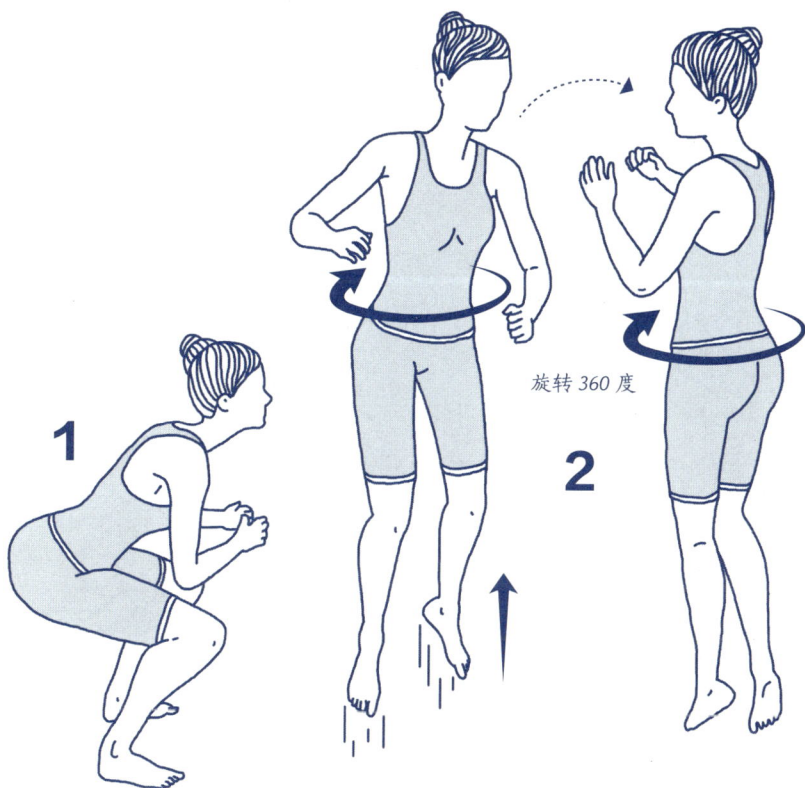

1

2

旋转 360 度

❶ 自然站立，双脚打开略比髋宽，脚趾稍微朝外，双手握拳，屈时放在胸部前方。背部挺直，上身稍微前倾，双膝弯曲 90 度。

❷ 稍微站起，再下蹲，借助腿部力量向上向后跳跃，并旋转 360 度。落地时回到下蹲姿势。

❸ 重复以上动作。

⚠ **注意事项**   跳得高一些，旋转会更容易。

芭蕾式蹲体

❶ 双手叉腰站立，手肘稍微朝后，双脚打开约 2 个肩宽，脚趾和膝盖稍微朝外，然后下蹲至大腿与地面平行。

1

2

❷ 踮脚到最大限度，然后放下。
❸ 重复踮脚动作。

进阶动作：
踮脚到最大限度后，保持 3~5 秒，然后放下。

⚠
注意事项
踮脚时尽量抬高脚跟。

运动难度：★★★★★

运动方法：**以下动作分2组完成；**
每个动作各做30秒，中间休息10秒

扫码跟着学

手拍膝波比跳 练腿练臀超燃脂

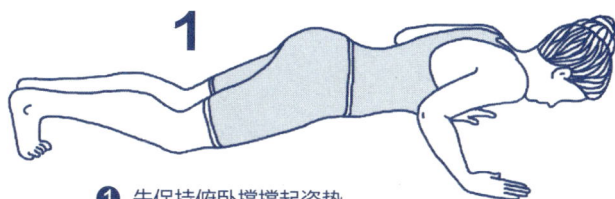

1

❶ 先保持俯卧撑撑起姿势。

❷ 收回双脚，然后双腿蹬地、双臂伸直向上跳跃，在空中完成手拍膝动作（双膝抬起呈90度，双手向下拍打膝盖）。落地后回到俯卧撑撑起姿势。

❸ 重复以上动作。

2

进阶动作：

跳跃时尽可能抬高膝盖，双手轻触脚踝。

左右波比跳

1

2

3

❶ 先保持波比跳起始姿势，然后向后跳跃。

❷ 站直并向左侧跳跃，在空中做下蹲动作，落地时呈波比跳起始姿势。

❸ 重复以上动作，跳回原来位置，接着跳到右侧，再跳回原来位置。如此重复左右跳跃。

⚠ **注意事项** 向左右跳动的距离不要太大，以免失去平衡。

180

忍者跪跳

1

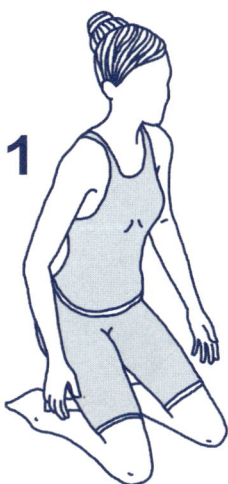

❶ 跪坐，臀部轻靠脚上，背部挺直，双臂放在身体两侧。

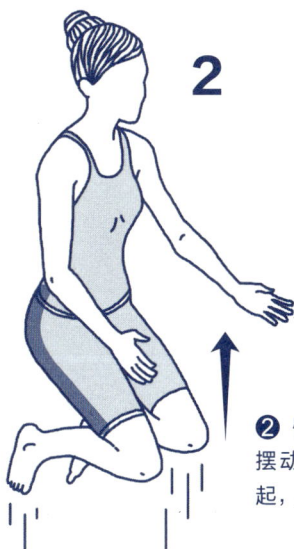

2

❷ 臀部稍微抬起，摆动双臂，双脚跳起，腿部不用伸直。

3

45度

90度

手肘稍微弯曲，放在膝盖内侧，小臂在膝盖前呈虚抱姿势

❸ 落地时呈深蹲姿势：双膝弯曲90度，上身前倾且与大腿呈45度，双臂稍微弯曲手肘，放在膝盖两侧。保持1~2秒，回到跪坐姿势。

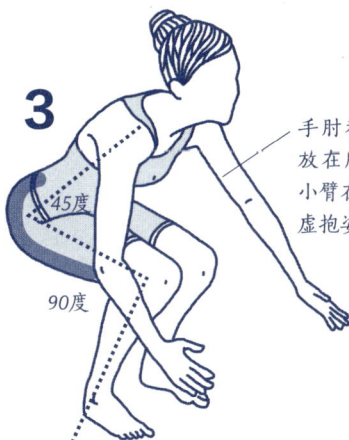

❹ 重复以上动作。

⚠ **注意事项**

1. 起跳、落地时都要稳住姿势。
2. 跳跃时腿部不用伸直。

单腿撑体

1

❶ 自然站立，双脚打开与肩同宽，下蹲，然后俯身，右脚脚趾撑地，左脚抬离地面，双臂伸直撑在双膝两侧。

在整个运动过程中，脚都要悬空

2

❷ 双腿用力向后伸直，右脚脚趾撑地，右脚抬离地面。

3

❸ 双脚跳回步骤❶的位置，然后收紧小腹，身体向上跳起，同时手臂向上伸直。

❹ 换另一只脚完成单腿撑体动作。然后左右交替重复以上动作。

⚠ **注意事项** 如果感觉跳跃困难，可以用站立取代跳跃以降低难度。

182

撑体侧转波比跳

胸肩背腿腹，让你"虐"到嗨

1 先做一组波比跳，落地后呈波比跳起始姿势。

2 双脚向后跳跃，脚趾撑地，呈俯卧撑撑起姿势。

向上伸直，双臂呈一条直线

3 身体转向一侧，同侧手臂向上、向后伸直，使肩膀和双臂呈一条直线，然后收回手臂，重复做波比跳和撑体侧转动作（侧转时左右手交替进行）。

注意事项 侧转时双腿要伸直，转动的速度不可过快，转动的幅度尽可能大。

183

屈体跳

快速燃烧腹部、腿部脂肪

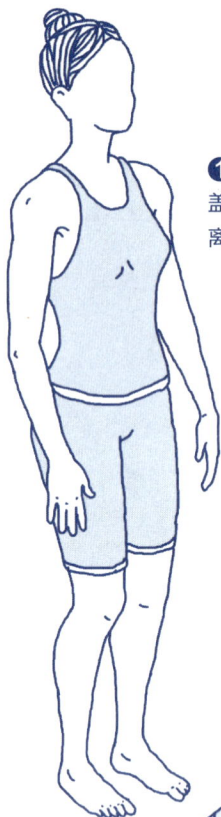

❶ 自然站立，双脚稍微打开，膝盖微微弯曲，双臂放在身体两侧，离身体约 1 个手掌的距离。

1

2

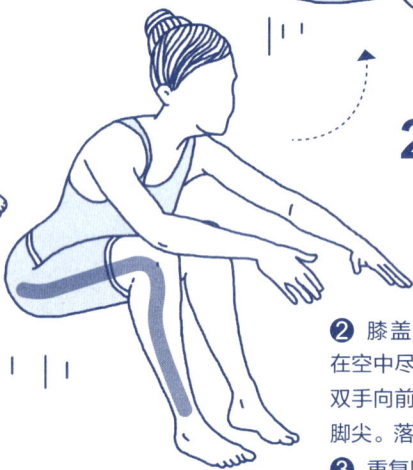

❷ 膝盖弯曲，双脚蹬地跳起，在空中尽量向前伸直双腿，同时双手向前伸直，尽量用手指触碰脚尖。落地时回到起始姿势。

❸ 重复以上动作。

注意事项 如果感觉困难，也不要勉强，可待身体核心力量变强后再做。

8周**强体健身**饮食计划

想要变得更强壮、更有力量，在训练的这 8 周里，依然需要给自己的饮食做个计划表。

第 1~2 周：拉黑囤肉食物

跟减肥瘦身饮食计划一样，刚开始健身时，你需要跟那些容易让你发胖的食物和不好的饮食习惯做告别（参考 P66）。

到了第 2 周，你需要调整每日的餐次——将一日 3 餐改成 4~6 餐，以提高食物的利用率。根据每天的进餐次数，合理将每日所需总热量分配到各餐之中，以保证能量的持续供给。

每日进餐次数和摄入热量的分布情况						
进餐次数	早餐	上午加餐	午餐	下午加餐	晚餐	夜宵
4	30%		30%	10%	30%	
5	20%		30%	10%	30%	10%
6	20%	10%	25%	10%	25%	10%

注：表中各餐数据表示各餐次的热量占每日所需总热量的百分比。

关于"突然"出现的加餐，你需要注意以下几点。

◎**加餐时间**：和减肥瘦身饮食计划一样，加餐建议选在上午 9 点半或者下午 3 点半左右，杜绝想吃就吃，晚餐后不加餐。

◎**加餐食物**：酸奶、全麦面包或者低糖水果，都可以选择。

◎**加餐的量**：建议选 1~2 种食物，如一盒酸奶、一片面包，吃完不觉得饿就可以了，不要吃太多了。

第 3~4 周：增加蛋白质的量

随着运动难度的加大，"撸铁"对热量的要求比之前要高。如果你是瘦子，还需要每天增加 300~500 千卡的热量摄入。跟减肥瘦身饮食计划一样，你可以参照"中国居民平衡膳食宝塔"来搭配每日的饮食。

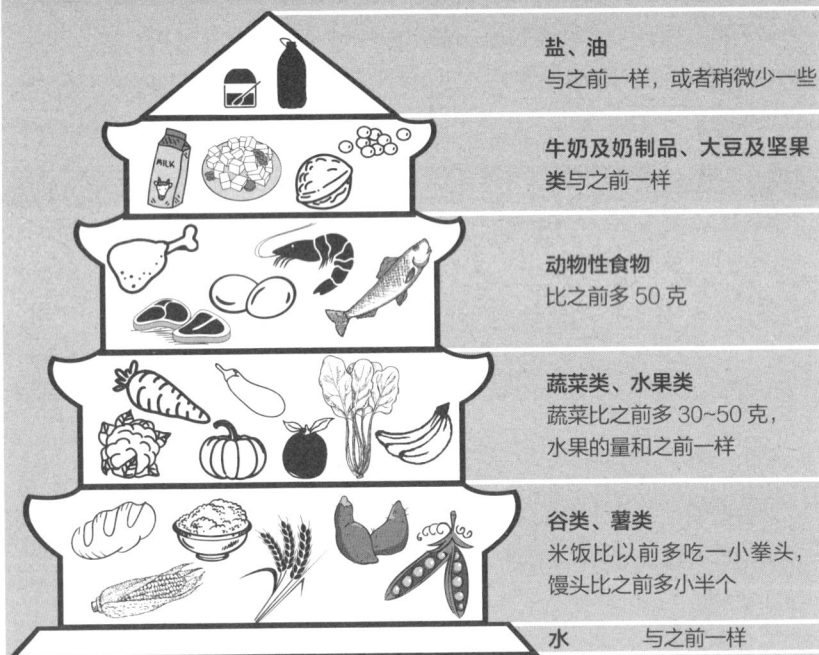

盐、油
与之前一样，或者稍微少一些

牛奶及奶制品、大豆及坚果
类与之前一样

动物性食物
比之前多 50 克

蔬菜类、水果类
蔬菜比之前多 30~50 克，
水果的量和之前一样

谷类、薯类
米饭比以前多吃一小拳头，
馒头比之前多小半个

水　　与之前一样

第 5~6 周：摄入优质蛋白质

　　肌肉的合成生长离不开充足的蛋白质，如果你想"撸"出马甲线、胸部更挺阔，就需要给身体"供应"充足的优质蛋白质。鸡胸肉、鸡蛋、牛奶及奶制品、三文鱼、金枪鱼、牛肉、虾等食物都含有丰富的蛋白质，你可以参照"中国居民平衡膳食宝塔"，把这些食物合理地分配到每一餐中。如果运动后觉得饿，可在正餐中稍微增加富含优质蛋白质的食物。

第 7~8 周：适当"加油"

　　与胖子"谈油色变"不同，瘦子要变强壮，需要给身体"加油"。不过，不需要刻意地摄入脂肪，日常植物油、肉类、鱼类的脂肪摄入就可以满足需求了。如果单独摄入，需要饭后 2 小时后再补充，或者在加餐时增加一点坚果的量，或者加一小块牛油果。

第四章

每天7分钟，
轻松解决身上小毛病

坐久了，腰酸背痛腿麻；

总是看电脑，肩膀僵硬酸痛；

吃得不对，胃胀气不舒服；

压力大，总是觉得累……

这些恼人的小毛病，正慢慢地"侵害"我们的健康！

你需要——

动起来，每天跟练7分钟，赶走它们，做自己健康的骑士！

肩周炎

活动肩关节，舒缓肌肉紧张

运动难度：★
运动方法：**分2组完成；
每个动作各做30秒，中间休息10秒**

扯毛巾 开肩美背，改善肩周僵硬疼痛

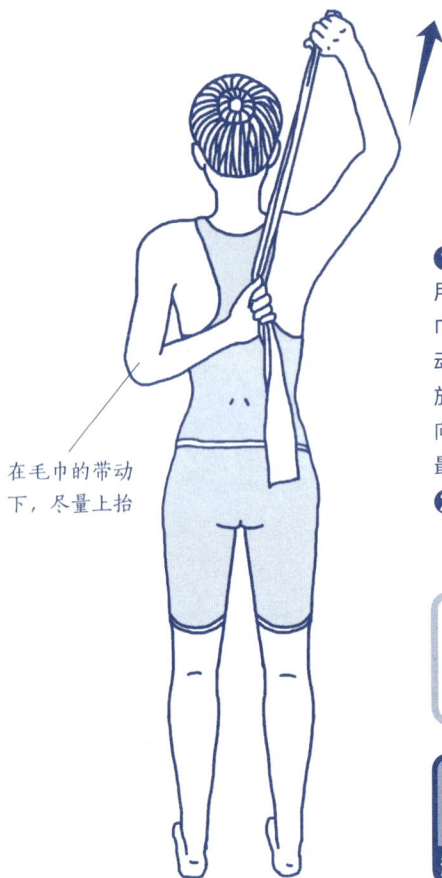

在毛巾的带动下，尽量上抬

❶ 准备一条长毛巾或一条长一点的布条。用正常的那一侧手（图中为右手）扯住毛巾的一头，举过肩膀把毛巾放在后背，行动受限一侧的手（图中为左手）弯曲手肘，放在背后，扯住毛巾的中下段。正常的手向上拉毛巾，带动放在背后的手向上抬至最大限度。保持 3~5 秒，然后慢慢放下。
❷ 重复以上动作。

进阶动作：

刚开始时保持 3~5 秒，之后逐渐延长保持的时间。

⚠ **注意事项** 上抬和放下行动受限的手臂时，动作要慢一些。

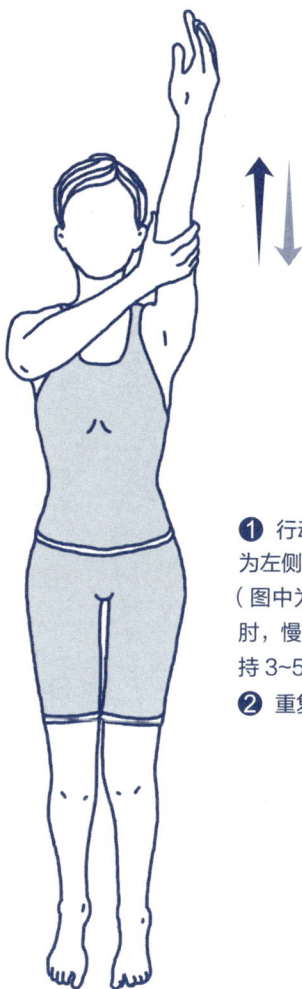

① 行动受限的那一侧手臂（图中为左侧手臂）伸直，正常一侧的手（图中为右手）握住受限手臂的手肘，慢慢将其上抬到最大限度，保持 3~5 秒，然后慢慢放下。

② 重复以上动作。

进阶动作：

一开始保持 3~5 秒，之后逐渐延长保持的时间。

注意事项

上抬和放下行动受限的手臂时，动作要慢一些。

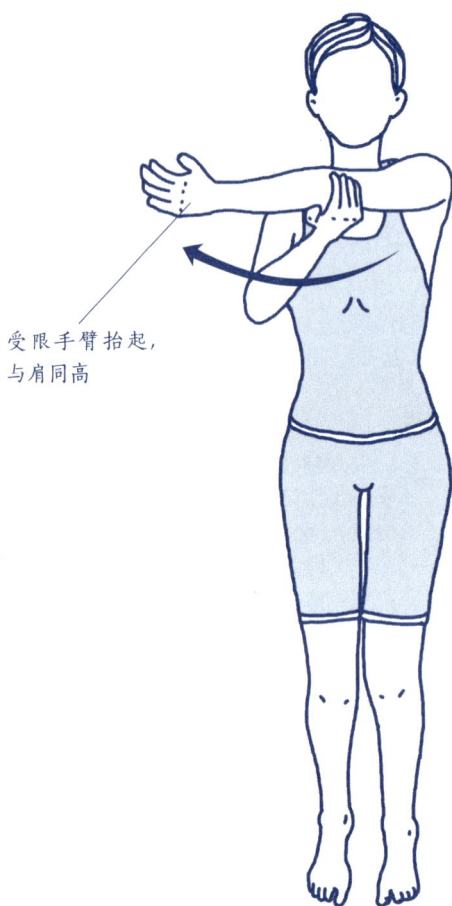

受限手臂抬起，
与肩同高

❶ 行动受限一侧的手臂（图中为左侧手臂）伸直与肩同高，正常一侧的手（图中为右手）握住受限手臂的手肘，带着其向对侧移动，使受限手臂的手肘尽量贴近胸部，然后回到原来的位置。

❷ 重复以上动作。

⚠️ **注意事项**

1. 转动时要尽量贴近胸部。
2. 转动时，动作要慢一些。

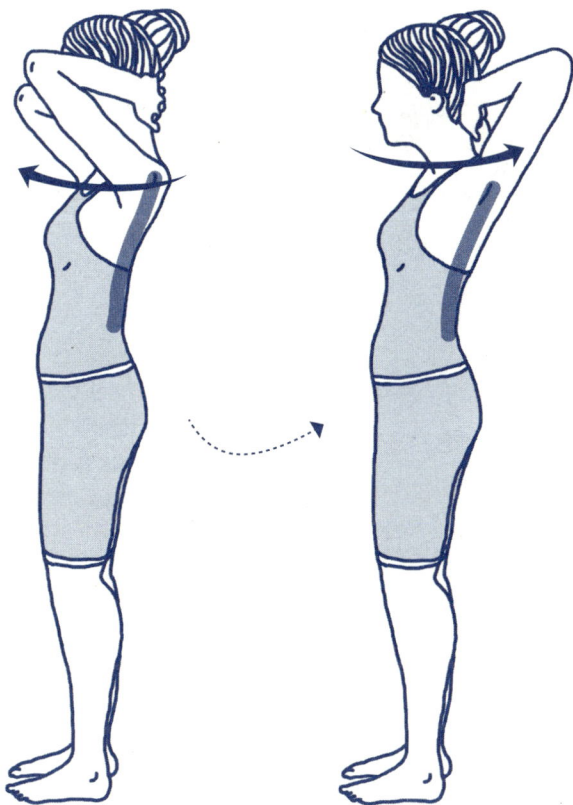

双手手肘弯曲上举，手指交叉放在脑后，然后双肘做内收、外展动作。

注意事项

1. 不论内收还是外展，都要做到最大限度。
2. 内收时注意肩部发力，不要拉扯头部。

爬墙

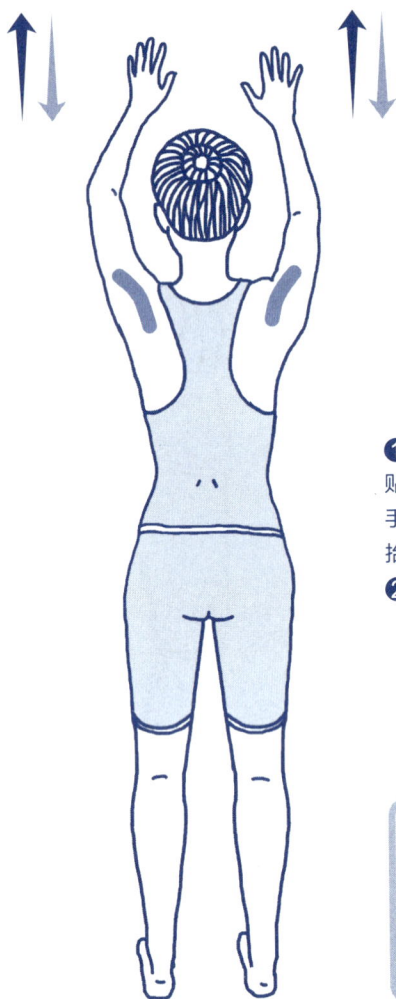

❶ 面对墙壁站立，抬起手臂，手掌贴墙（举过头顶），手指微微分开。手指沿墙壁慢慢向上爬，使双手尽量抬高到最大限度，然后慢慢爬回原处。

❷ 重复以上动作。

进阶动作：

离墙越远，难度越大。可先在离墙一脚远的位置锻炼，之后逐渐加大距离。

⚠ **注意事项** 运动时，动作要缓慢一些。

从前向后摆动——

自然站立，上身略微前倾，双眼看向地面，双手握空拳，手臂伸直放在身体前侧，重复做由前向后的摆动动作。

⚠️ **注意事项**

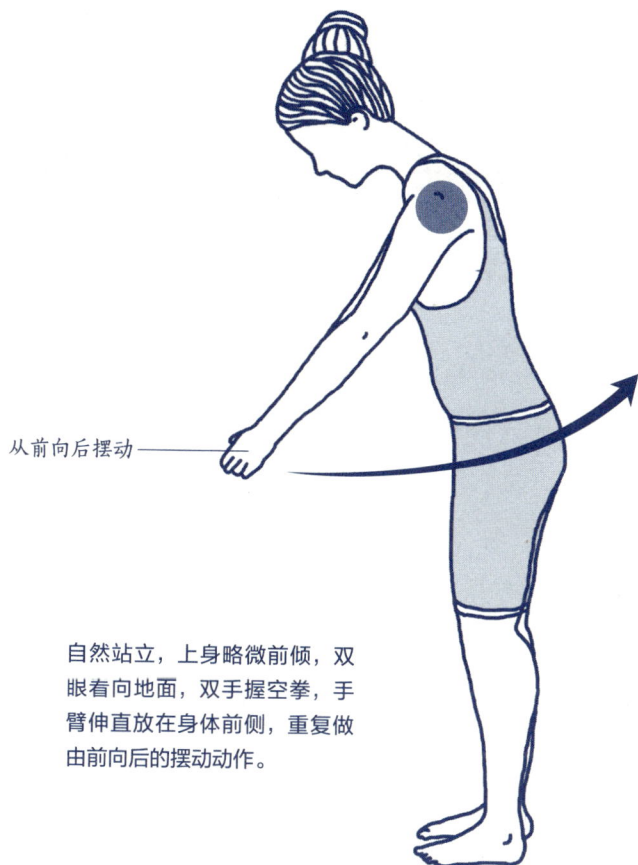

尽量向后摆动，以活动肩关节。

背部酸痛 让背部肌肉动起来

运动难度：★

运动方法：**分2组完成；**
每个动作各做50秒，中间休息10秒

扫码跟着学

比赞扩胸　　一个动作挺胸又摩背

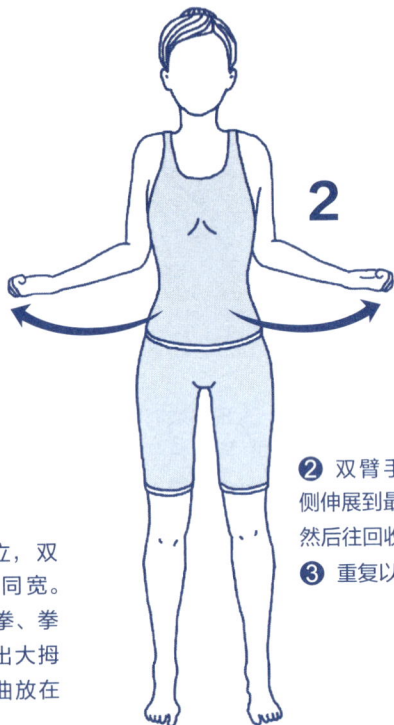

❶ 自然站立，双脚打开与肩同宽。双手四指握拳、拳心向上，伸出大拇指，手肘弯曲放在腰侧。

❷ 双臂手肘向两侧伸展到最大限度，然后往回收。

❸ 重复以上动作。

注意事项

1. 双手手肘尽量向后伸展，使背部肌肉和肩胛骨有挤压感。
2. 做伸展、内收动作时，小臂始终不低于腰部位置。

外旋夹背

充分"按摩"背部肌肉

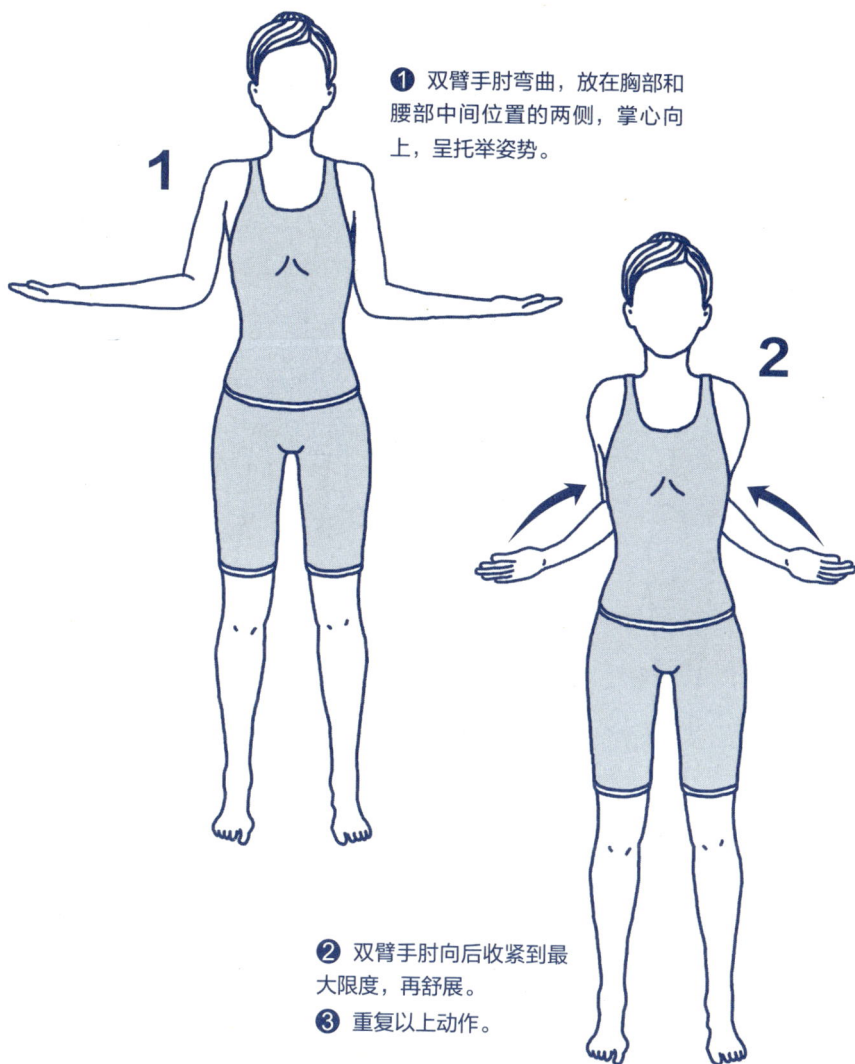

1

❶ 双臂手肘弯曲，放在胸部和腰部中间位置的两侧，掌心向上，呈托举姿势。

2

❷ 双臂手肘向后收紧到最大限度，再舒展。

❸ 重复以上动作。

⚠ **注意事项**　手肘尽可能向后，使背部有挤压感。

天天向上

1

2

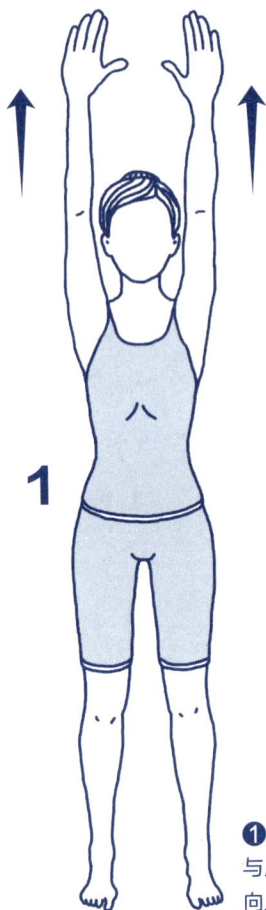

❶ 站立，双脚打开与肩同宽，手臂伸直向上举，掌心朝前。

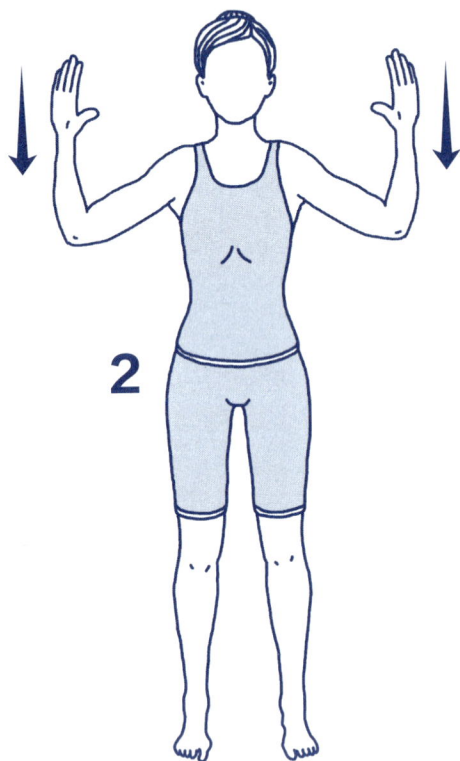

❷ 手肘弯曲向下收，靠近身体时再伸直上举。

❸ 重复以上动作。

进阶动作：

可配合弓步做"天天向上"动作，练肩、练背、练腿，一举三得。

⚠️ **注意事项**　上下伸展手臂时，手肘不要向前或向后，手肘和身体保持在一个平面上。

左右推掌 让胸部更挺拔，背部更紧致

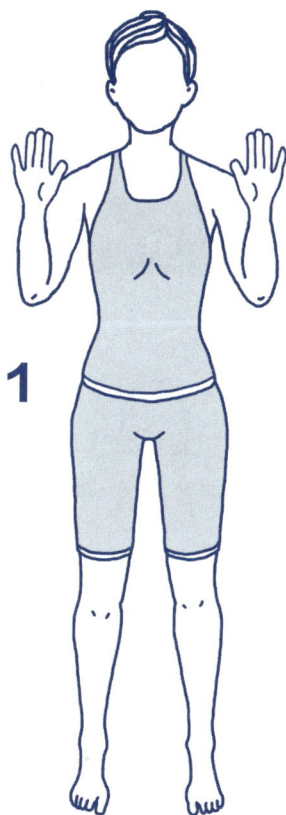

1

2

❶ 自然站立，双脚打开与肩同宽，手肘弯曲，掌心朝前并向上举至与肩同高。

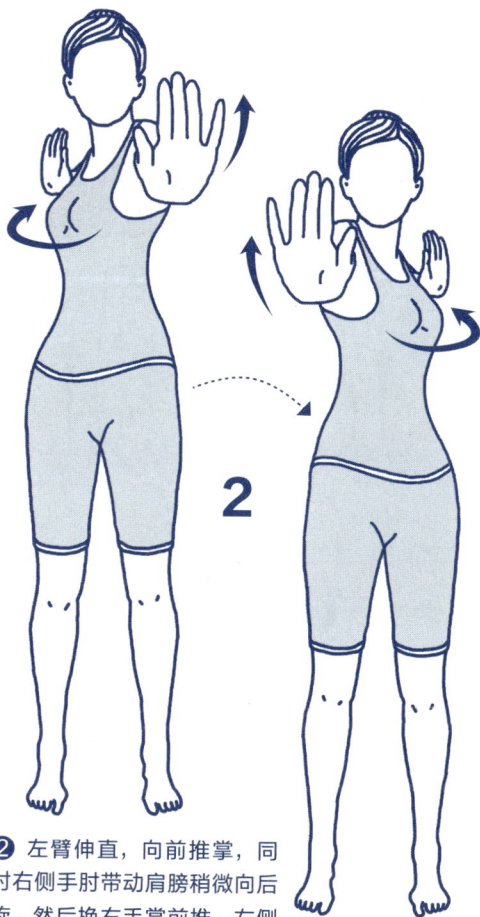

❷ 左臂伸直，向前推掌，同时右侧手肘带动肩膀稍微向后旋。然后换右手掌前推，左侧手肘带动肩膀稍微向后旋。

❸ 左右交替，重复以上动作。

⚠️ **注意事项** 向前推掌时，手臂要与肩同高。

颈椎痛

给颈椎"松松骨"

运动难度：★

运动方法：**分2组完成；**
每个动作各做60秒，中间休息10秒

扫码跟着学

拉手望天 拉伸肩颈，缓解肩颈酸痛僵硬

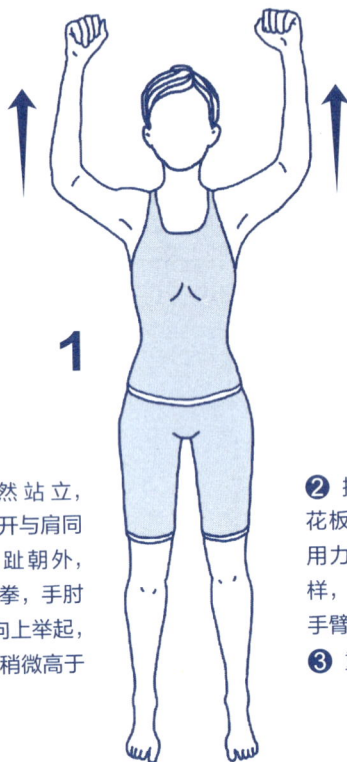

看向天花板时
尽量后仰

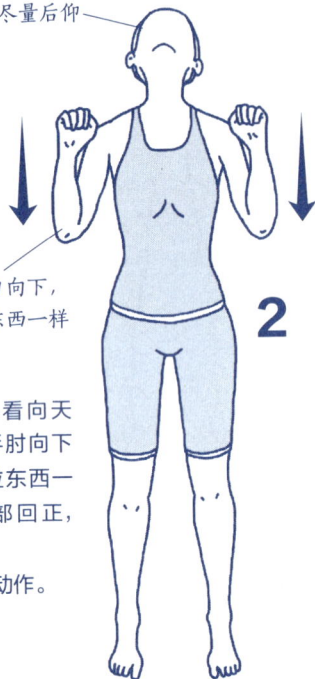

1

手肘用力向下，
就像拉东西一样

2

❶ 自然站立，双脚打开与肩同宽，脚趾朝外，双手握拳，手肘弯曲，向上举起，使手肘稍微高于肩膀。

❷ 接着抬头看向天花板，同时手肘向下用力收，像拉东西一样，然后头部回正，手臂向上举。

❸ 重复以上动作。

注意事项

1. 抬头向上看时尽量后仰，以加强对颈椎的拉伸。
2. 可先放慢速度，等适应后再有节奏地跟练。

头颈相争

1

2

3

② 手、头回到中间位置。

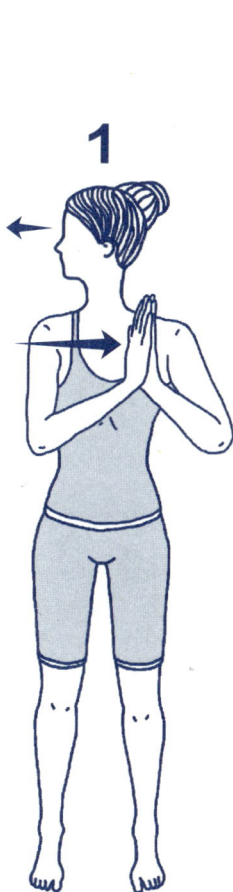

① 自然站立，双脚打开
与肩同宽，双手在胸前合
十，然后朝左侧平行移动，
同时头朝右侧看。

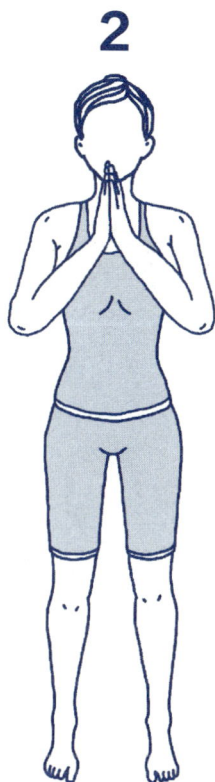

③ 手朝右侧移动，
头朝左侧看。

④ 重复以上动作。

⚠ **注意事项**

1. 双手平行移动，手掌相贴不要分开。
2. 头部朝一侧看时，要扭到最大限度，以加强拉伸感。

十字颈操　　全方位拉伸你的脖子

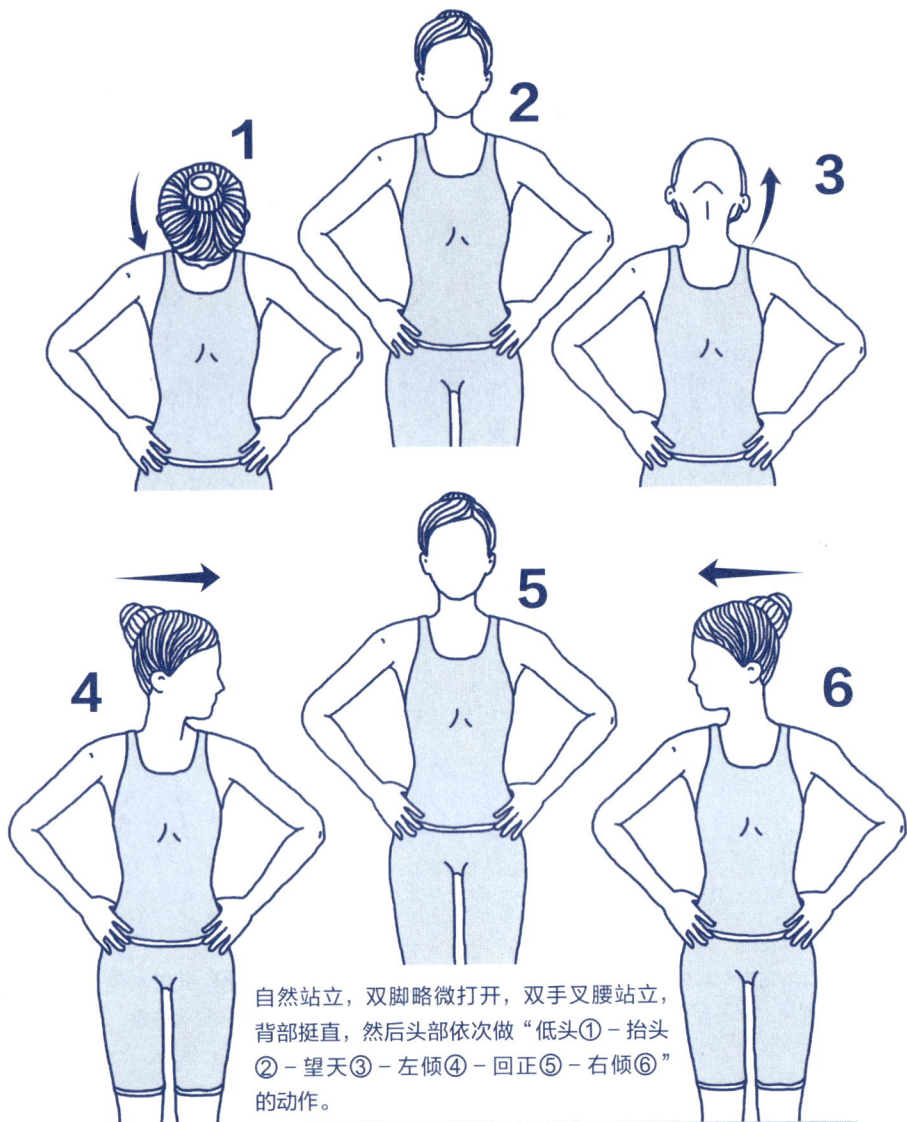

自然站立，双脚略微打开，双手叉腰站立，背部挺直，然后头部依次做"低头①－抬头②－望天③－左倾④－回正⑤－右倾⑥"的动作。

⚠️ 注意事项　控制节奏，不要太快，以免头晕。

手臂酸胀

三个小动作
缓解手臂肌肉劳损

运动难度：★
运动方法：**分2组完成；**
每个动作各做60秒，中间休息10秒

扫码跟着学

前臂旋转 活动腕关节，缓解小臂酸麻

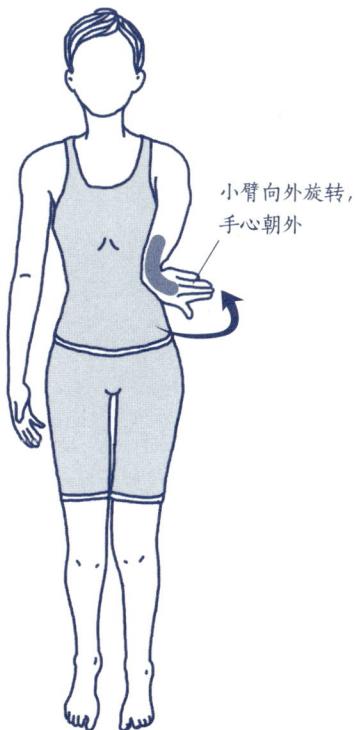

小臂向外旋转，
手心朝外

进阶动作：

用另一侧手握住弯曲的手腕，向后用力，以加强拉伸感。

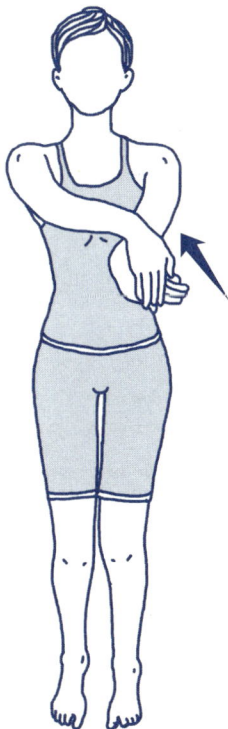

左臂向前伸直，比胸略低，小臂向外旋，使掌心朝外，然后尽可能弯曲手腕，使小臂外侧有拉伸感。保持 30 秒，换右手做运动。

手臂撑墙 拉扯肱二头肌，缓解肩臂酸胀

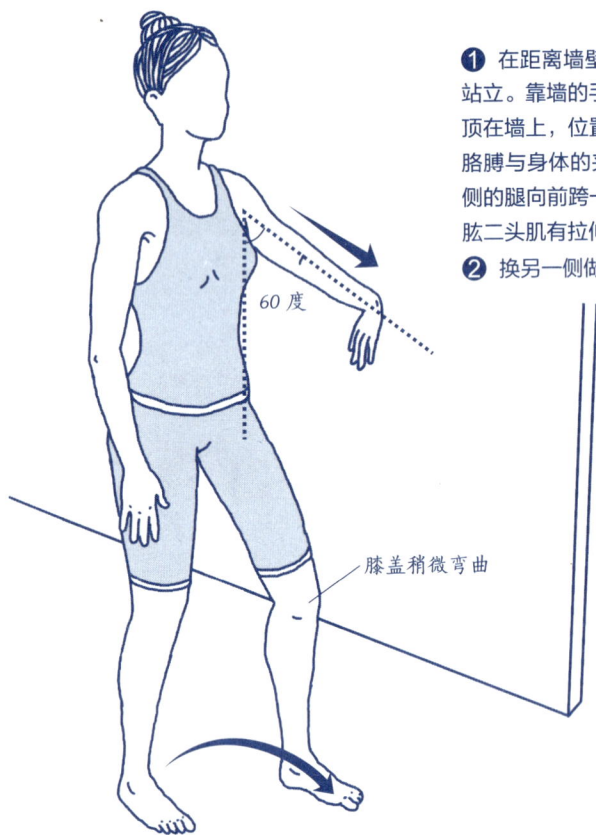

❶ 在距离墙壁约 1 个手臂的距离侧身站立。靠墙的手臂稍微向后伸直，手掌顶在墙上，位置差不多与腹部同高，使胳膊与身体的夹角约为 60 度。然后同侧的腿向前跨一步并稍微弯曲膝盖，使肱二头肌有拉伸感。保持 30 秒。

❷ 换另一侧做动作。

60 度

膝盖稍微弯曲

进阶动作：
如果觉得对肱二头肌的牵扯力度不够，可将身体向另一侧旋转至最大限度。

⚠️ **注意事项**　顶墙的手掌位于身体后方与腹部差不多高处，如果太高，容易出现耸肩的情况，影响拉伸的效果。

三头肌伸展

手指朝下，
触摸肩胛骨中间

1

2

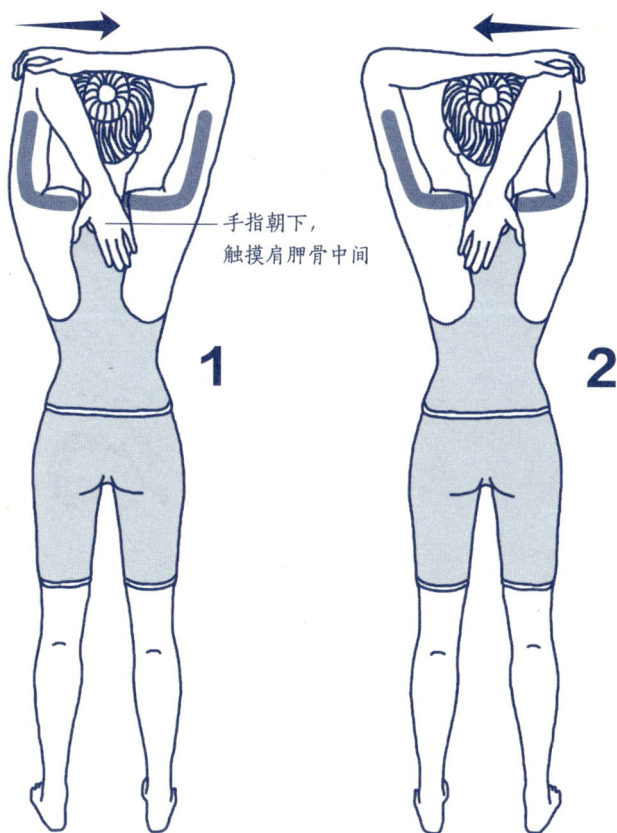

❶ 自然站立，双脚打开与肩同宽，左臂向上伸直，然后弯曲手肘，手掌触摸两块肩胛骨中间。右小臂越过头顶，轻轻朝右拉左臂手肘，直至有拉伸感。保持 30 秒。

❷ 换左手拉右臂手肘。

⚠ **注意事项**　动作要缓慢，不要用力过猛。

腰疼

增强脊柱和腰部力量

运动难度：★

运动方法：**以下分2组完成；
每个动作各做50秒，中间休息10秒**

扫码跟着学

侧体伸展 *拉伸腰背部肌肉，缓解腰背酸痛*

1

双腿伸直

2

上身侧弯到
最大限度

❶ 自然站立，双脚打开约1.5个肩宽，左手叉腰，右手向上伸直。

❷ 上身向左侧弯曲至最大限度，保持10~15秒，然后换另一侧伸展。

❸ 左右交替，重复以上动作。

进阶动作：

可向一侧弯到最大限度，然后稍微回正身体，再将身体压向对侧，重复进行。

⚠ **注意事项**

向一侧弯时，注意保持臀部不移位，双腿伸直。

❶ 自然站立，双脚打开约 1.5 个肩宽，双臂向两侧伸展，掌心朝前，与肩膀呈一条直线。

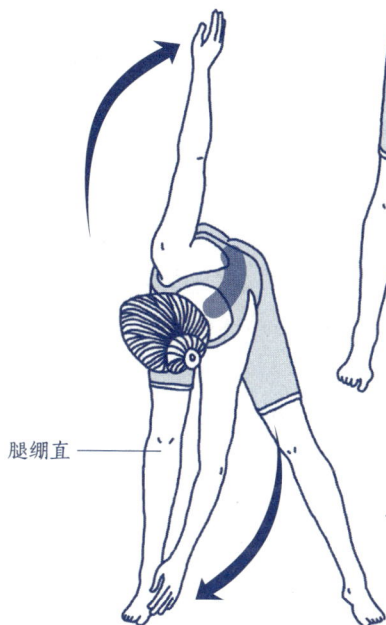

1

腿绷直

背部保持挺直

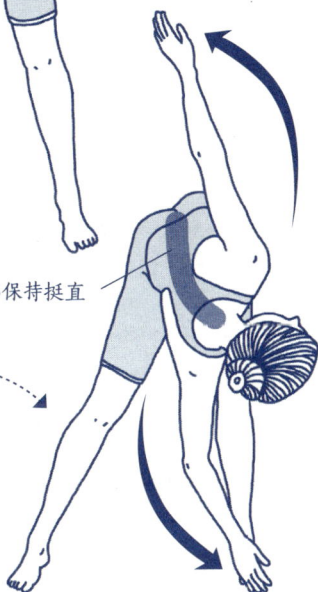

2

❷ 俯身向右旋转，同时用左手触摸右脚脚背，右手向上伸展，然后站直，换另一侧做动作。

❸ 左右交替，重复以上动作。

⚠️ **注意事项**

1. 尽可能伸展双臂，使肩胛骨有挤压感。
2. 俯身旋转时，肩背和手臂都要挺直，腿要伸直。

屈腿侧转

1

❶ 仰卧，双臂向两侧伸直，与肩膀呈一条直线，双腿并拢，然后屈膝 90 度，抬起小腿直至与地面平行。

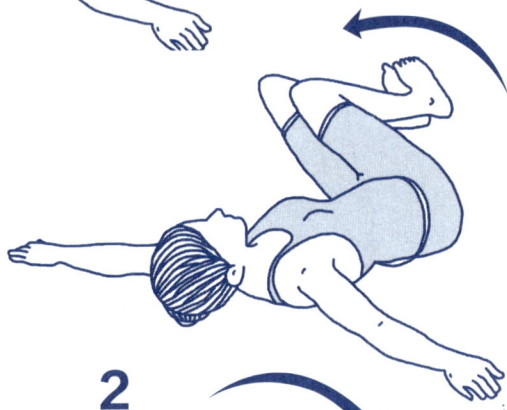

❷ 收腹，双腿转向一侧，在腿部即将碰到地面时转向另一侧。

❸ 重复以上动作。

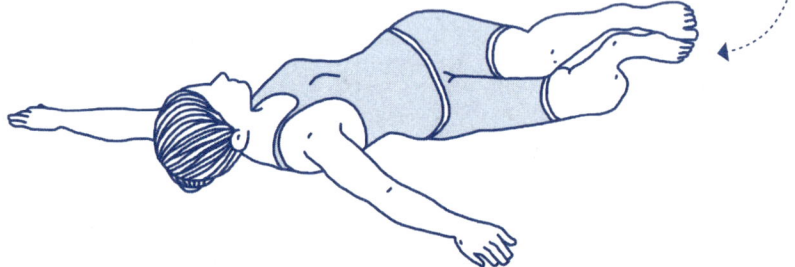

2

⚠ **注意事项**
1. 双臂伸直，紧贴地面。
2. 旋转时，双腿并拢，不要分开。

四肢伸展

1

双手撑在肩膀正下方的地面上

❶ 跪坐，膝盖弯曲 90 度，小腿、脚背贴地，然后俯身，
双臂伸直，手掌撑地，眼睛看向地面。

头、肩、背、臀部呈一条直线

2

伸展的手臂、腿与
身体呈一条直线

❷ 右臂向前伸直，同时左腿向后伸直，保持 1~2 秒，
然后收手、收腿，回到起始姿势。

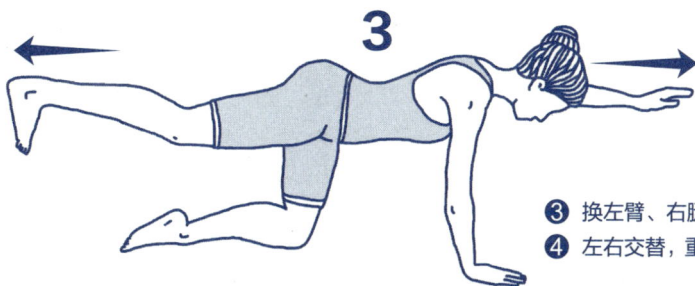

3

❸ 换左臂、右腿伸直。
❹ 左右交替，重复以上动作。

⚠️ **注意事项**
1. 尽可能伸展双臂，使肩胛骨有挤压感。
2. 俯身旋转时，肩背和手臂都要挺直，腿要伸直。

肌肉酸痛 舒缓肌肉并缓解紧张

扫码跟着学

四头肌伸展 锻炼手臂肌肉，拉伸大腿

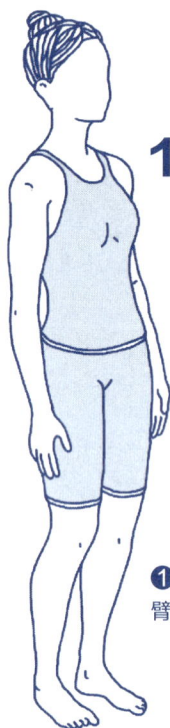

1

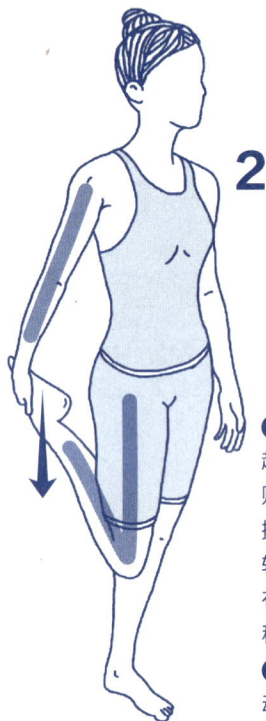

2

❶ 自然站立，双臂放在身体两侧。

❷ 一腿屈膝向后抬起至大腿与小腿相贴，同时用同侧手握住脚背，脚背轻轻往下压，使手臂有拉伸感。保持20秒。

❸ 换另一侧做伸展动作。

注意事项　手握住脚背后，不要向上提脚，而是脚背轻轻下压。

210

牛式与猫式

1 起始姿势：双腿并拢，膝盖弯曲 90 度跪坐在地上，双臂伸直撑在肩膀下方，上身与地面平行，眼睛看向前方。

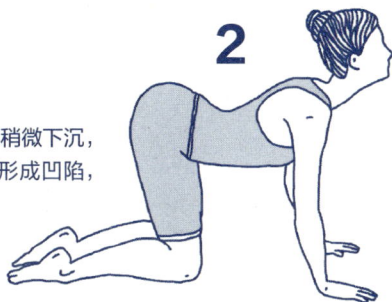

2 牛式：吸气，腰部稍微下沉，胸部上挺，使腰背处形成凹陷，同时眼睛看向高处。

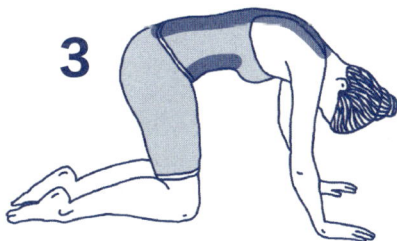

3 猫式：收腹，呼气，弓背并低头看向肚脐。

4 重复做牛式和猫式动作。

注意事项

动作宜缓慢，与呼吸配合好。

背部旋转

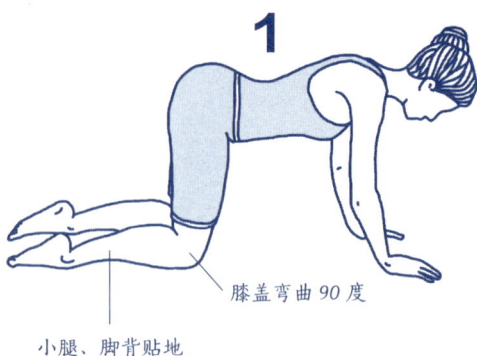

1 身体挺直跪在地上，然后俯身，双臂伸直，手掌撑在肩部正下方，上身与地面平行。

膝盖弯曲 90 度

小腿、脚背贴地

2 右手放在颈后，然后肩膀发力，带动上身向右侧旋转至最大限度，然后转回，重复转动 20 秒。

3 换另一侧旋转。

支撑手位于肩部正下方

⚠️ **注意事项** 要肩膀发力带动身体旋转，使肩膀有拉伸感。

212

仰卧剪刀腿

活动双腿，放松下肢肌肉

1

双腿向两侧打开至最大限度

❶ 仰卧，双臂放在身体两侧，双腿向两侧打开。

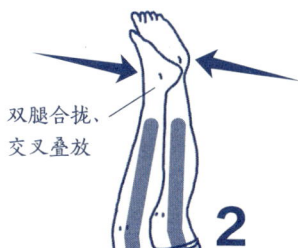

2

双腿合拢、交叉叠放

❷ 左脚在前、右脚在后交叉双腿，做左右剪刀腿动作。

3

❸ 再向两侧打开双腿。

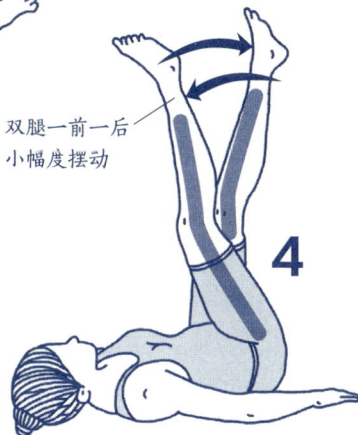

4

双腿一前一后小幅度摆动

❹ 右脚在前、左脚在后交叉双腿，做前后剪刀腿动作。

❺ 重复以上动作。

⚠ **注意事项**

双腿摆动时要按"开剪刀－合剪刀－剪东西"的顺序，不要乱了节奏。

扩胸 开肩美背，挺拔胸部，改善含胸驼背

掌心向前

2

❷ 双臂向后伸
展至最大限度。

1

3

❶ 自然站立，双脚打开与
肩同宽，一手臂在上、另
一手臂在下做抱胸动作。

❸ 恢复抱胸动作。
❹ 重复以上动作。

⚠️ **注意事项**　运动时，动作要缓慢，以免拉伤。

骨盆前倾 拉伸髂腰肌，改善假胯宽

运动难度：★★

运动方法：**分2组完成；**
每个动作各做50秒，中间休息10秒

扫码跟着学

俑式伏膝 拉伸髂腰肌，纠正骨盆前倾

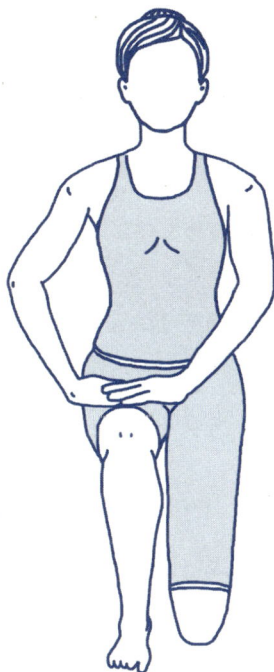

❶ 上身挺直，单膝跪地，前腿膝盖弯曲90度，双手叠放在前腿膝盖上。保持10秒，然后前后腿换位置。

❷ 左右交替，重复以上动作。

⚠ 注意事项

1. 全程上身要挺直。
2. 前腿膝盖始终在脚踝后方。

罗汉独立

拉伸腿部，回正骨盆

1

2

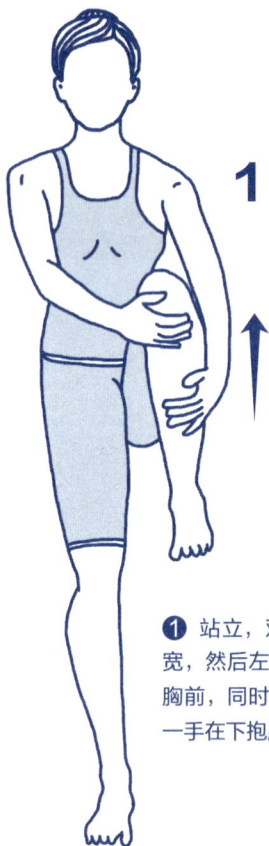

❶ 站立，双脚打开与肩同宽，然后左腿膝盖向上抬至胸前，同时双手一手在上另一手在下抱膝。

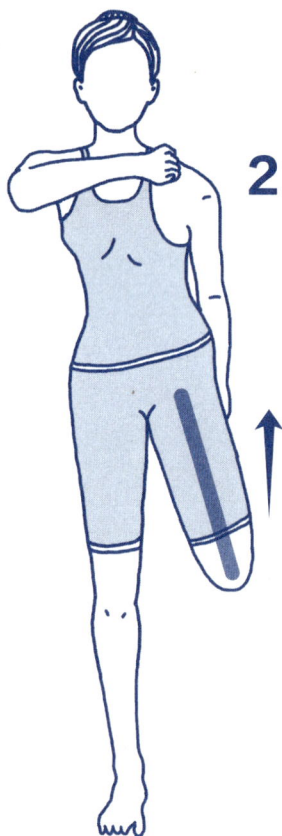

❷ 坚持 4~5 秒后，左腿放下并向后抬起，同时左手提拉左脚背，右手屈肘握拳，小臂横放在胸前。坚持 4~5 秒后换右侧做以上动作。

❸ 左右交替，重复进行。

⚠ 注意事项
1. 一开始可先靠墙抱膝、扶墙提腿，逐步过渡到独立。
2. 独立时要注意保持平衡。

超人出击

纠正骨盆，缓解腰酸背痛

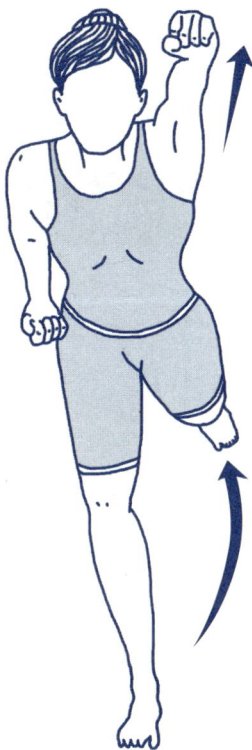

① 自然站立，双脚打开与肩同宽，然后左腿向后抬起，同时上身前倾，左手握拳，手臂向前伸直，右手握拳放在腰侧，做"超人"动作。保持 10 秒。

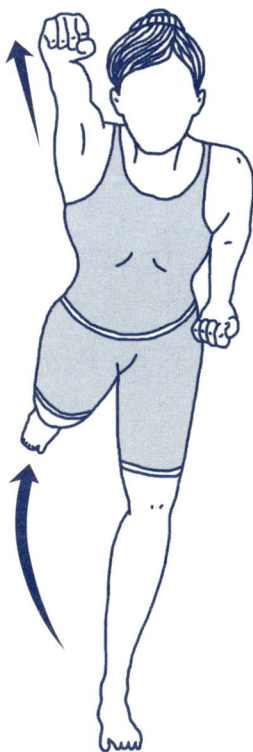

② 放下左腿和左手臂，换右侧做运动。

③ 左右交替，重复进行。

⚠ **注意事项**

1. 抬起的腿、手臂和身体呈一条直线。
2. 做"超人"动作时，注意保持身体平衡。

小腿酸麻 拉伸腿部肌肉，缓解疲劳

运动难度：★★

运动方法：**以下分2组完成；
每个动作各做50秒，中间休息10秒**

扫码跟着学

侧身抬腿 赶走酸胀麻，练出美臀腿

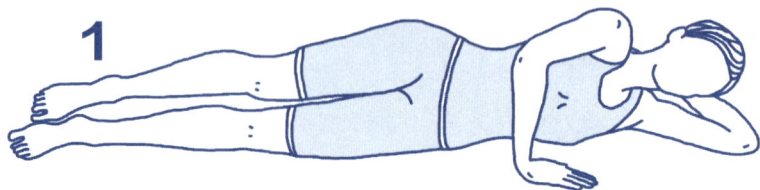

1

❶ 左侧卧，左臂手肘弯曲，小臂枕在头下，右臂
手肘弯曲 90 度，手掌撑在胸前，双腿自然叠放。

2

—— 腿部尽量抬高

❷ 臀部发力，使右腿向上抬到最大限度，
保持 1~2 秒后放下。反复抬腿 25 秒，换
右侧卧抬左腿。

⚠️ **注意事项** 抬腿至最高点后保持的时间不可过短。

218

侧边弓步

拉伸臀腿肌肉，改善臀腿酸胀

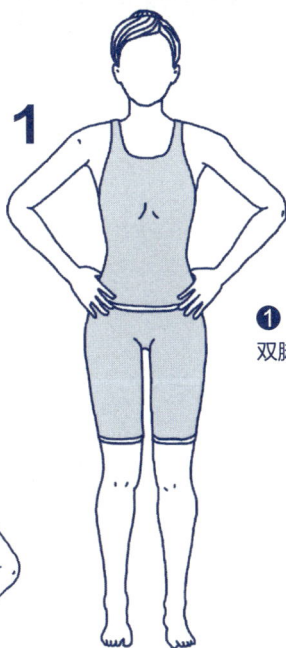

1

❶ 自然站立，双手叉髋，双脚打开与髋同宽。

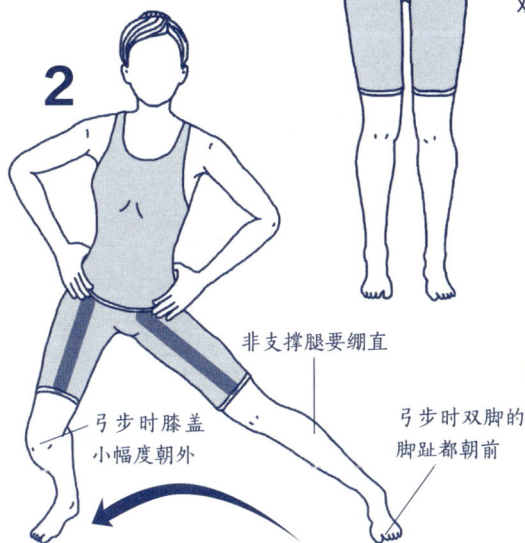

2

非支撑腿要绷直

弓步时膝盖小幅度朝外

弓步时双脚的脚趾都朝前

❷ 右腿向右侧跨出一大步，然后膝盖弯曲至90度，左腿绷直，保持25秒。

3

❸ 换左腿跨步重复动作。

⚠ 注意事项　尽量跨大步，以加强拉伸感。

后踢臀

简单动作锻炼下肢，缓解腿部不适

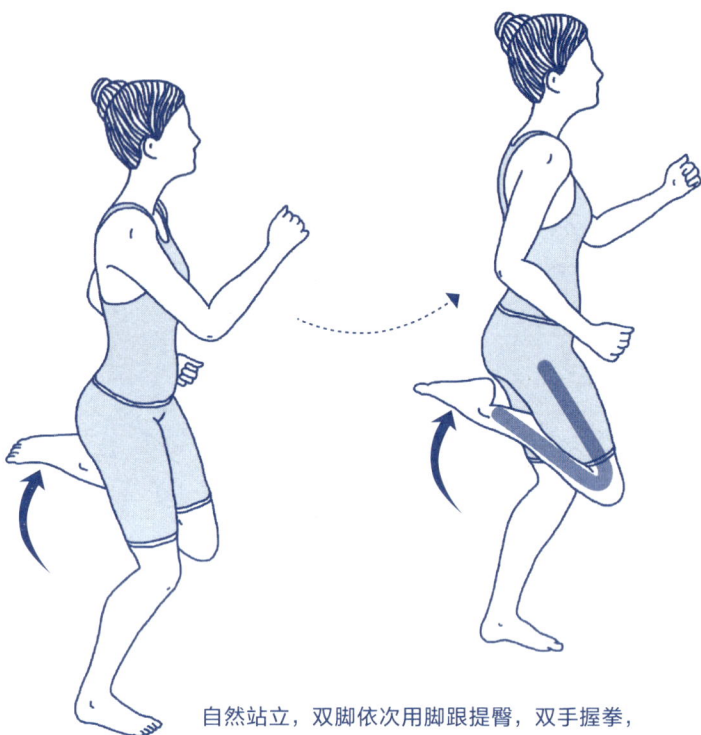

自然站立，双脚依次用脚跟提臀，双手握拳，
双臂如原地跑步般摆动。

⚠️ **注意事项**

1. 上身尽量固定，不晃动。
2. 踢臀的速度要尽可能快。

❶ 自然站立，双脚打开约 1.5 个肩宽，脚趾稍微朝外，双臂放在身体两侧。

1

用手触碰对侧脚趾

2

❷ 向下弯曲身体 90 度，同时左膝盖朝外弯曲约 90 度，用右手触碰左脚脚趾，左手随身体摆到身体的侧后方，接着换右膝盖弯曲，左手碰右脚脚趾，右手摆到身体侧后方。

❸ 左右交替，重复以上动作。

向下弯曲身体的同时，膝盖弯曲呈弓步姿势

进阶动作：

用手碰对侧脚趾时，尽量绷直双腿，以增加拉伸难度。

⚠ **注意事项** 上身保持挺直，不弓背、不塌腰。

臀部疼痛 改善姿势，强壮臀部和核心

运动难度：★★★☆

运动方法：**以下动作分2组完成；**
每个动作各做30秒，中间休息10秒

扫码跟着学

青蛙跳 改善臀部疼痛，轻松拥有翘臀美腿

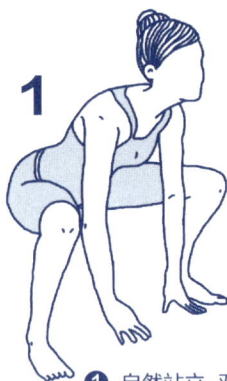

1

1 自然站立，双脚打开约 1.5 个肩宽，双腿膝盖弯曲，下蹲至大腿与地面平行，同时身体前倾，手掌轻触地面。

2

2 双臂伸直向上跳，空中完成腿、身体伸直的动作，落地时回到起始姿势。

3 重复以上动作。

注意事项

1. 双手触地时，要放在双脚之间，使身体呈青蛙蹲的姿势。
2. 跳跃后，双脚落回原地。
3. 膝盖有损伤的人不宜练青蛙跳。

靠墙摆腿　简单动作，缓解臀部不适

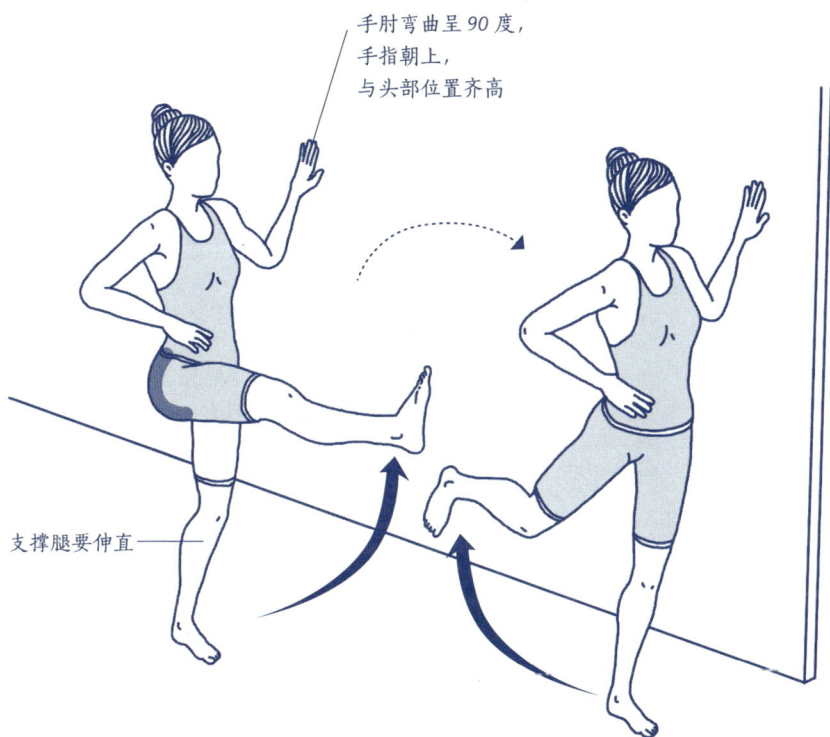

手肘弯曲呈 90 度，
手指朝上，
与头部位置齐高

支撑腿要伸直

左手扶墙站立，右手叉腰，右腿前后摆动至最大限度，
15 秒后换另一侧腿摆动。

⚠️ **注意事项** 　前后摆腿时，要臀部发力，避免惯性。

驴式踢腿

简单好上手的臀腿疼痛缓解操

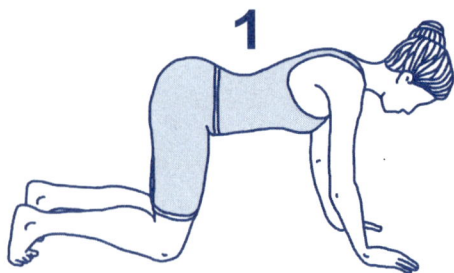

1

❶ 四肢跪地，双手撑在肩膀下方，手指朝前，膝盖跪在地上，脚趾撑地，同时臀部与背部、头部呈一条直线。

2

膝盖保持弯曲 90 度，大腿与臀部呈一条直线

❷ 将右腿（保持膝盖弯曲 90 度）笔直上踢，当大腿与臀部呈一条直线时放下右腿，换左腿上踢。

❸ 左右交替，重复以上动作。

⚠️ **注意事项**

1. 在整个运动过程中，背部要挺直，上身要保持稳定。
2. 向后踢腿时，要臀部发力，上踢的幅度不要太大，以大腿与地面平行，膝盖不高过臀部为宜。

脉冲蹲体 一个动作甩掉臀腿疼痛和脂肪

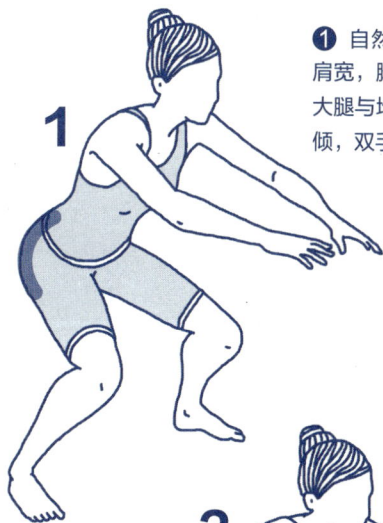

1

1 自然站立，双脚打开约 1.5 个肩宽，脚趾稍微朝外，然后下蹲至大腿与地面平行，同时身体稍微前倾，双手向前伸直，与肩同高。

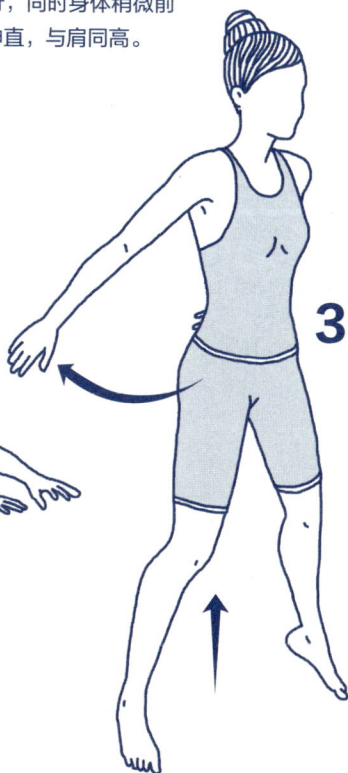

2

先稍微抬起臀部，然后下蹲，给臀部蓄力

2 稍微抬起臀部，然后下蹲。重复这个动作 3 次。

3

3 在第 3 次下蹲后，臀部发力，使身体向上跳至腿部伸直，同时双臂向后摆动。落地时回到起始姿势。

4 重复以上动作。

注意事项 抬起臀部和下蹲之间的动作幅度不要太大。

分腿下蹲　蹲走疼痛，让臀腿更有力量

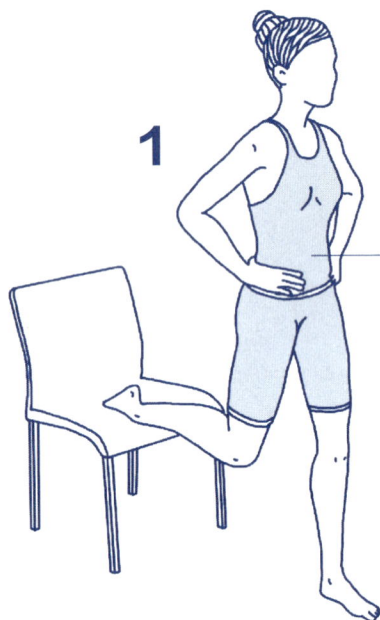

1

❶ 背对着椅子，双手叉腰站在椅子前，右腿膝盖向后弯曲90度，并把脚背搭在椅子上。

上身挺直，
与后腿膝盖呈一条直线

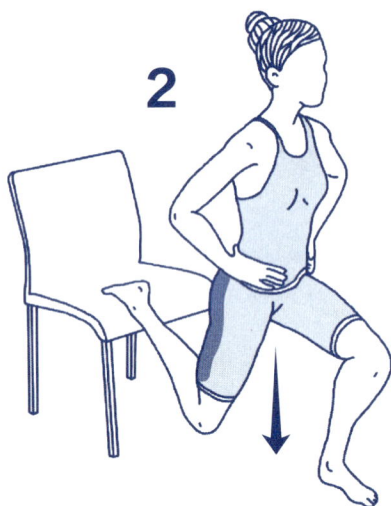

2

❷ 左腿膝盖弯曲90度，右腿膝盖下压至最大限度，然后回到起始姿势。重复15秒后换腿。

⚠ **注意事项**

1. 前腿膝盖弯曲时，膝盖不要超过脚趾。
2. 在整个运动过程中，身体要挺直，身体与后腿膝盖呈一条直线。

双臂撑体抬腿

这样练，臀腿不疼了，也更有型了

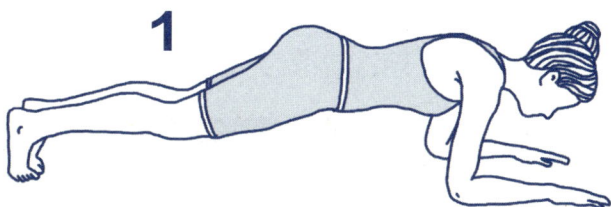

1

❶ 先保持俯卧撑撑起姿势，然后双臂手肘弯曲，撑在肩膀正下方，小臂、手掌撑地，手指朝前。

2

❷ 一条腿向上抬起至最大限度，然后放下；再抬起另一条腿，然后放下。

❸ 左右交替，重复以上动作。

⚠️ **注意事项**　抬腿时注意控制好速度和幅度，保持身体平衡，上身挺直。

227

胸闷

增强心肺功能

运动难度：★

运动方法：**以下分2组完成；**
每个动作各做60秒，中间休息10秒

呼吸扩胸 激活呼吸肌肉群，轻松缓解胸闷

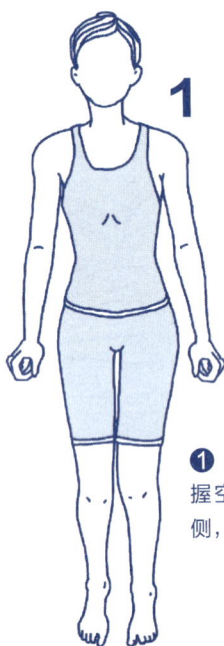

1

手臂尽量向两侧、后方伸展

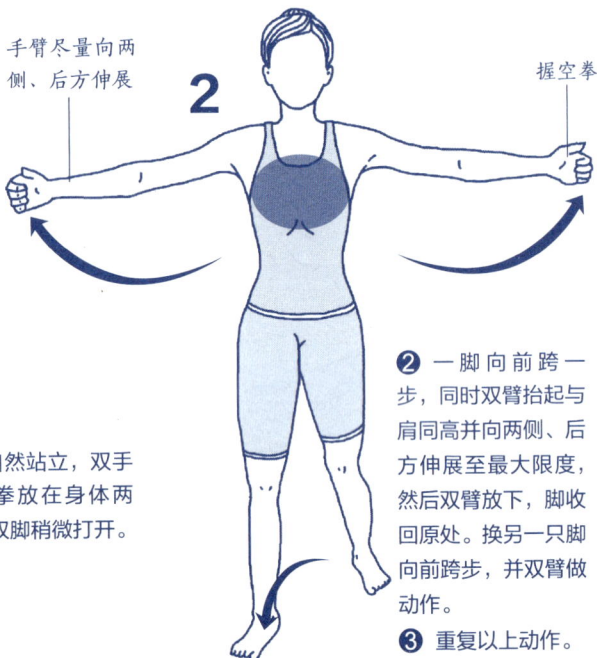

2

握空拳

❶ 自然站立，双手握空拳放在身体两侧，双脚稍微打开。

❷ 一脚向前跨一步，同时双臂抬起与肩同高并向两侧、后方伸展至最大限度，然后双臂放下，脚收回原处。换另一只脚向前跨步，并双臂做动作。

❸ 重复以上动作。

注意事项

做扩胸动作时，双手尽可能向两侧、后方发力伸展。

转体运动 胸口不闷了，呼吸也变顺畅了

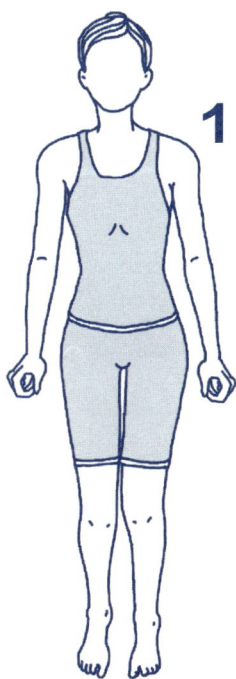

2

脚趾稍微朝外

❷ 左腿向左后侧迈一大步，同时双臂手肘弯曲，抬至胸前，带动胸部向左侧旋转。

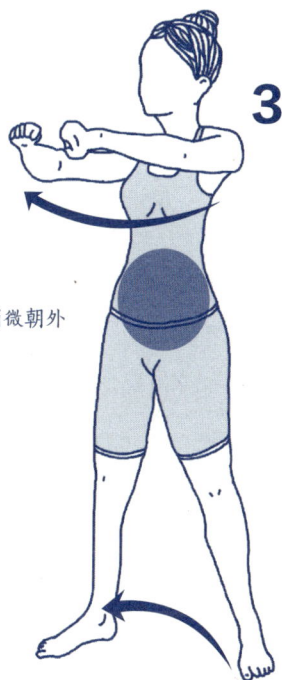

1

❶ 自然站立，双手握空拳放在身体两侧。

3

❸ 收腿、双臂放下，换另一侧做运动。
❹ 左右交替重复以上动作。

⚠️ **注意事项**
1. 向一侧迈步时，稍微向后迈，脚趾稍微朝外。
2. 胸部尽可能侧转，以强化运动效果。

229

侧腰拉伸 缓解胸闷气短，消除腰部赘肉

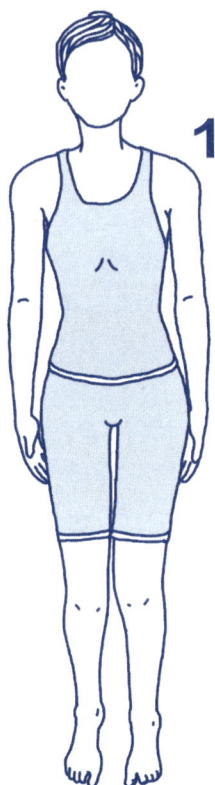

1

2

❷ 左腿向左侧迈一步，同时左手叉腰，右臂伸直举过头顶，掌心向下，然后身体向左侧弯 2 次。双手放下，左腿收回，换右腿迈步，身体向右侧弯。

❸ 左右交替，重复以上动作。

❶ 自然站立，双脚稍微打开，双臂放在身体两侧。

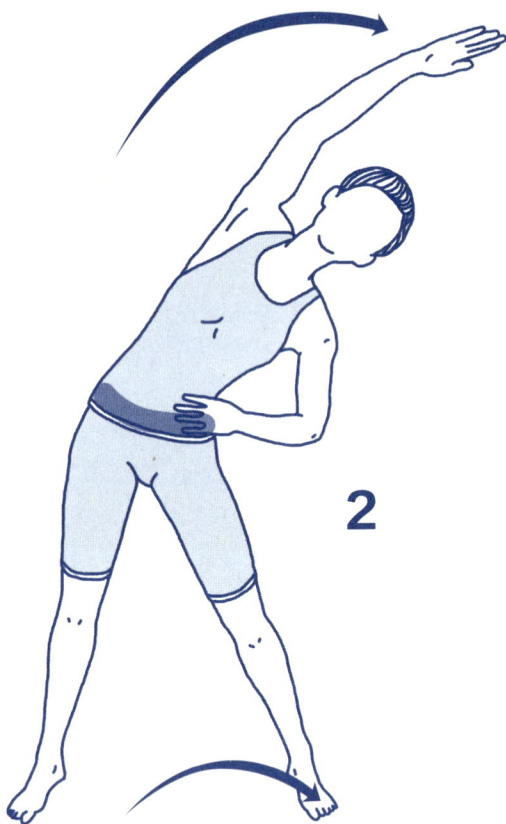

⚠️ **注意事项** 腰椎间盘突出、腰肌劳损人群不宜做这个动作。

胃胀气

摇一摇、动一动，让气往下走

运动难度：★

运动方法：**分2组完成；每个动作各做60秒，中间休息10秒**

扫码跟着学

俯卧摇臀 腹部"按摩操"，帮胃排排气

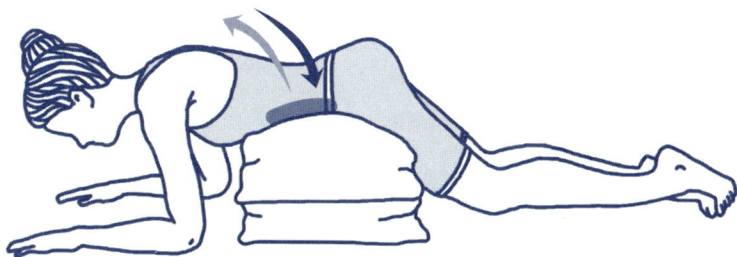

身体挺直，双膝跪在地上，小腿、脚背贴地。膝盖前叠放2~3个枕头，然后俯身，手肘放在肩膀下方撑起身体，肚子趴在枕头上。均速左右晃动臀部，使腹部得到"按摩"。

⚠️ **注意事项**

饭后1小时再做这个动作。

231

原地呼啦圈

双手叉腰站立，双脚打开与肩同宽，腰部匀速地做扭转动作，就像转呼啦圈。

⚠ **注意事项**　腰部扭转时，要朝一个方向扭。

提踵

不跑不跳也能消食排气

进阶动作：

双脚轮流做踮脚动作。

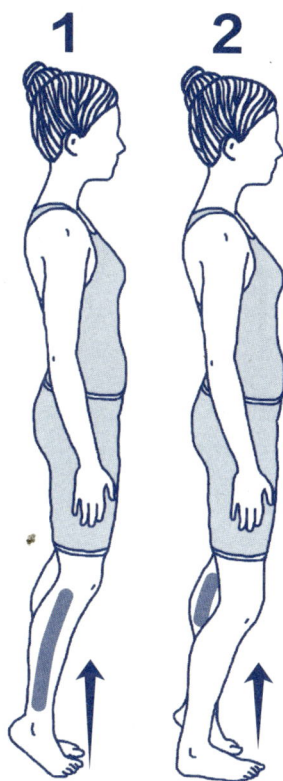

1

2

1

放下脚跟时，
脚跟不要触
碰地面

2

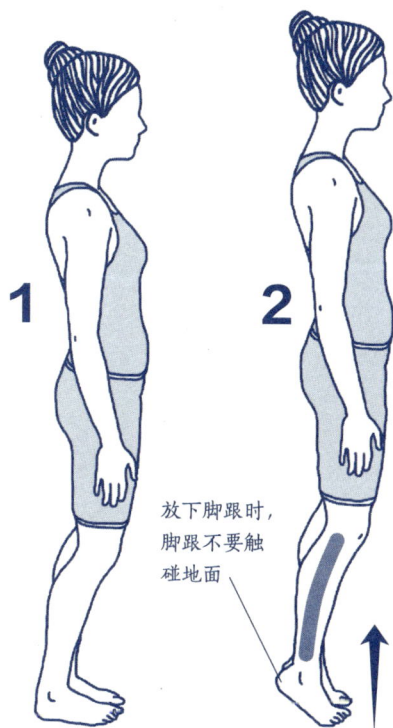

❶ 自然站立，双
臂放在身体两侧，
双腿并拢伸直。

❷ 小腿发力，踮起
脚尖到最大限度，保
持1秒后放下，在脚
跟即将触碰地面时继
续踮脚。

❸ 重复以上动作。

⚠ **注意事项** 运动时保持身体稳定，上身挺直。

233

原地踏步

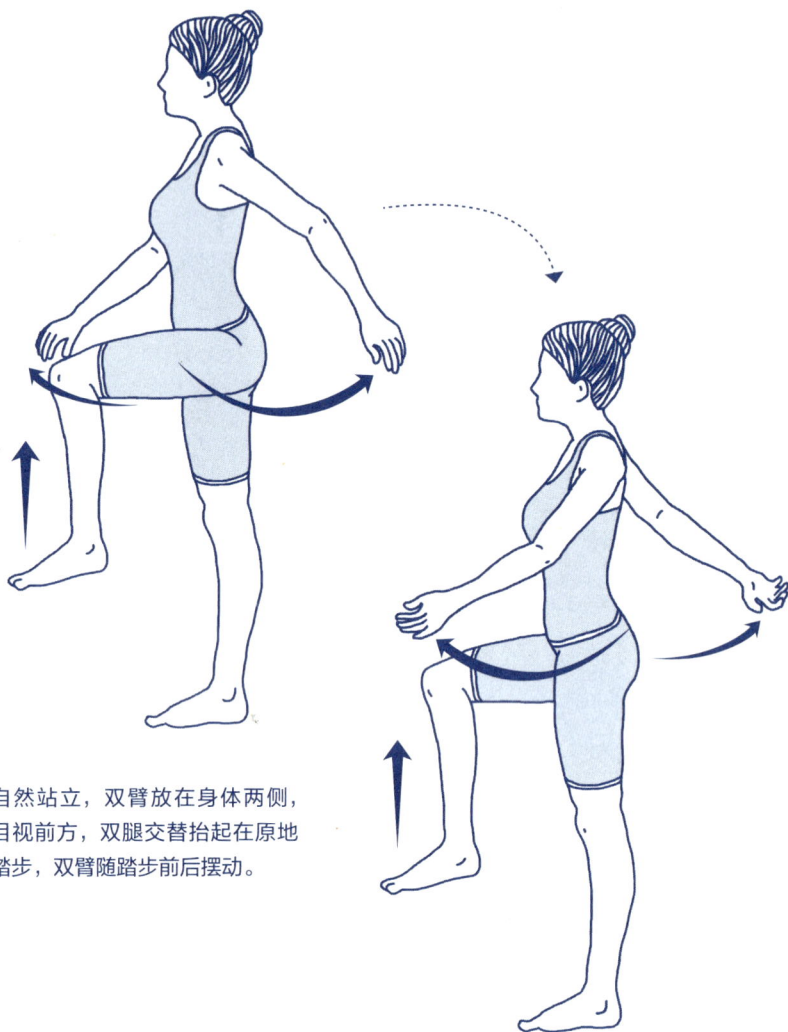

自然站立，双臂放在身体两侧，
目视前方，双腿交替抬起在原地
踏步，双臂随踏步前后摆动。

注意事项

1. 踏步时膝盖尽量抬高些。
2. 抬腿时，同侧手朝后摆，对侧手朝前摆，避免同手同脚。
3. 双手摆动的幅度要大一些。

跳绳

简单动作，促进消化

手的位置不要
高过腰部

膝盖略微弯曲

踮脚跳，脚跟不着地

① 自然站立，双脚略微打开，肘部弯曲做握跳绳手柄的姿势。

② 膝盖略微弯曲，踮脚轻轻跳起，同时手做摇绳的动作。

跳跃时要保持节奏稳定，不要时快时慢。

注意事项

便秘

让胃肠动起来

运动难度：★

运动方法：**每个动作各做50秒，中间休息10秒**

扫码跟着学

冲拳

腹部有压力，宿便往下走

❶ 自然站立，双脚打开约 1.5 个肩宽，然后半蹲，双手握拳放于腰部两侧，拳心朝向身体。右拳不动，左拳向前冲出，左手拳心朝左，与肩同高。收左拳后，左拳拳心朝向身体不动，打出右拳，右手拳心朝右。

❷ 重复以上动作。

进阶动作：
将半蹲升级为弓步，对腹部形成更大的压力。

⚠️ **注意事项**　冲拳时上身要挺直，拳头要有力。

两手托天 调理脾胃，改善腹胀、消化不良

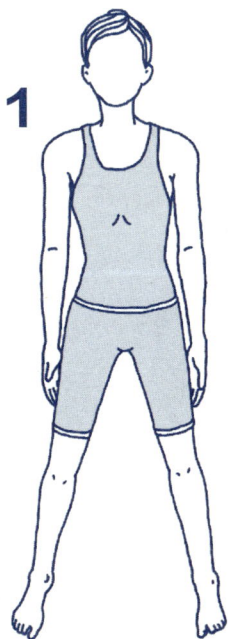

2 小臂抬到小腹前，指尖相对，掌心朝上，然后双手沿胸部正中线慢慢上抬，过胸部后一面抬手一面翻掌，慢慢吸气，待双手过头顶时掌心朝下。

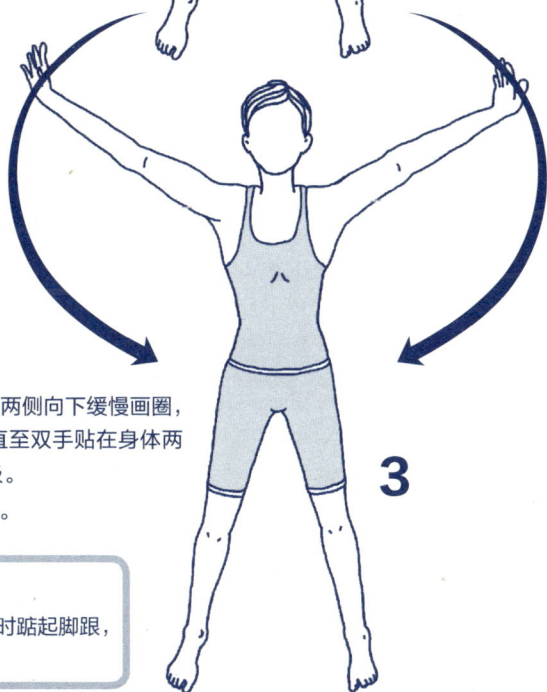

1 自然站立，双脚打开略比肩宽，挺胸收腹，双臂贴在身体两侧。

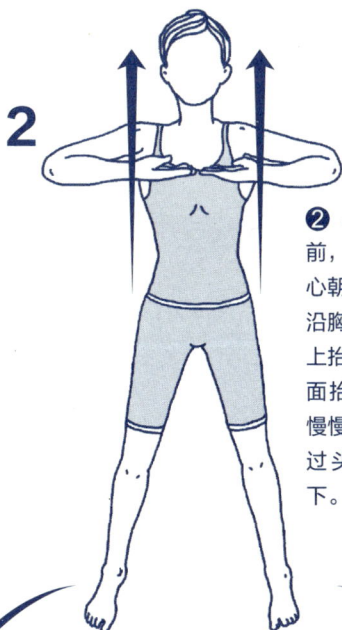

3 双手分开，朝两侧向下缓慢画圈，同时慢慢呼气，直至双手贴在身体两侧再恢复正常呼吸。

4 重复以上动作。

进阶动作：
可配合踮脚动作，小臂上抬时踮起脚跟，放下时放下脚跟。

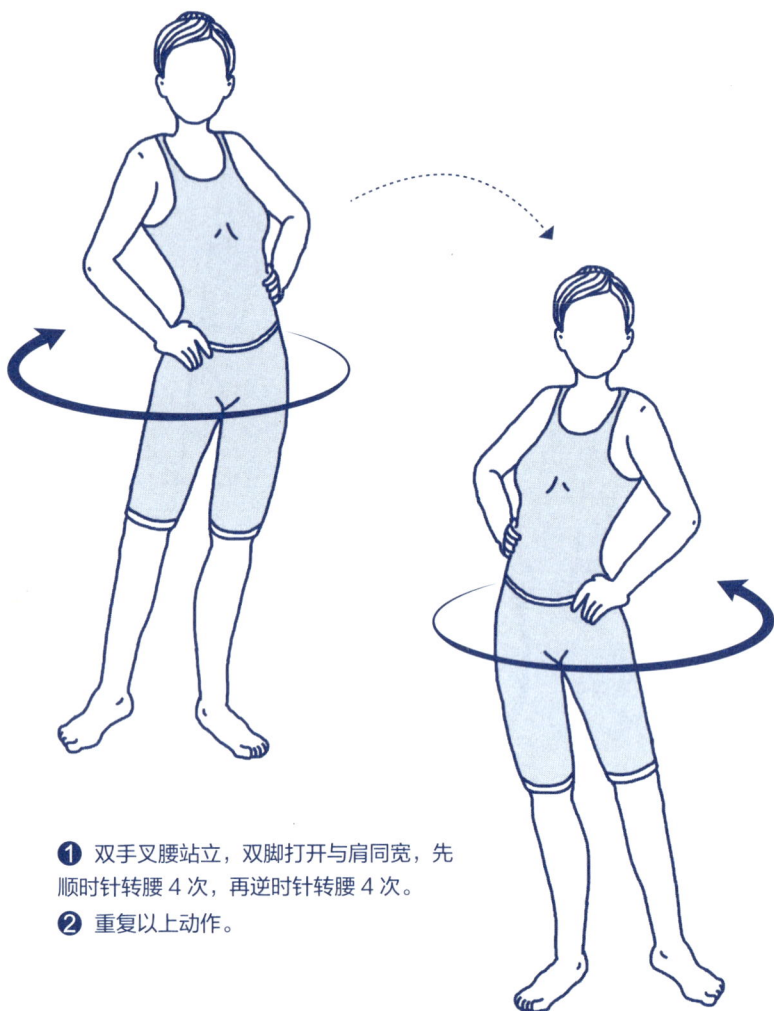

① 双手叉腰站立，双脚打开与肩同宽，先顺时针转腰 4 次，再逆时针转腰 4 次。

② 重复以上动作。

⚠️ **注意事项**　转腰的幅度尽量大一些。

揉腹 增强肠胃动力，改善胃胀气、便秘

站立或坐在椅子上，上身挺直，右手掌心盖住肚脐，左手叠放在右手上。双手手掌稍微用力下压，然后按顺时针方向按揉腹部。

⚠️ **注意事项**
1. 双手手掌下压的力度以自己觉得有压迫感而又不觉得难受为宜。
2. 腹部出现莫名疼痛、刚做过腹部手术、腹腔内有肿瘤的人，以及月经期女性，都不宜做这个动作。

捶打　　增强胃肠功能，让排便更顺畅

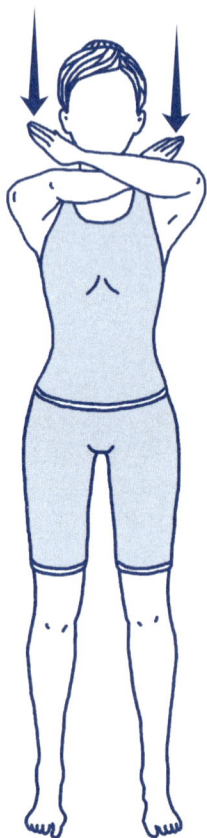

1 自然站立，双脚打开与肩同宽，双手交叉拍打对侧肩膀 8 次。

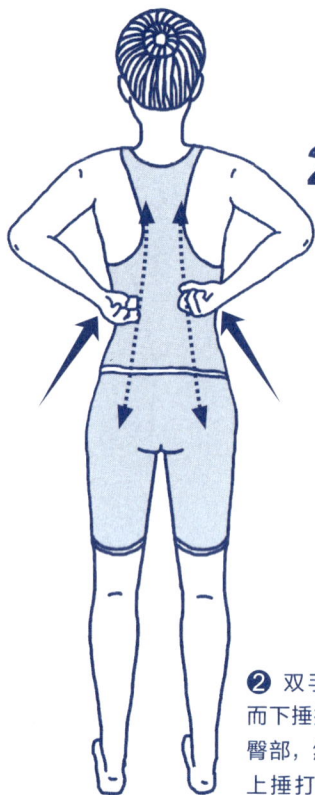

2 双手握拳，由上而下捶打脊柱两侧至臀部，然后从臀部向上捶打至最高位置。反复捶打 4 次。

3 重复以上动作。

⚠️ **注意事项**　拍打和捶打的力度自行调整，以感觉稍微酸胀为宜。

弯腰触脚

腹部有"压力"，宿便没地儿"藏"

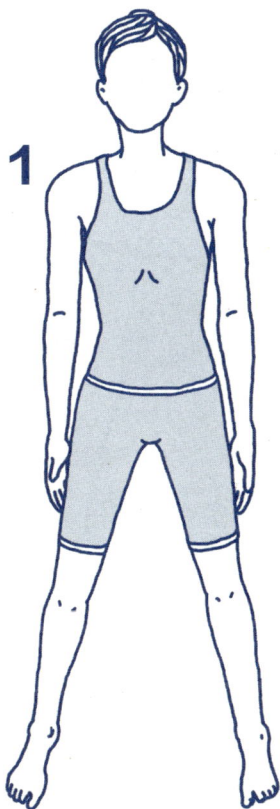

1

2

❷ 弯腰，用双手触摸左脚脚趾
2 次，再触摸右脚脚趾 2 次。

❸ 重复双手触摸脚趾的动作。

❶ 自然站立，双脚打开约 1.5
个肩宽，双臂放在身体两侧。

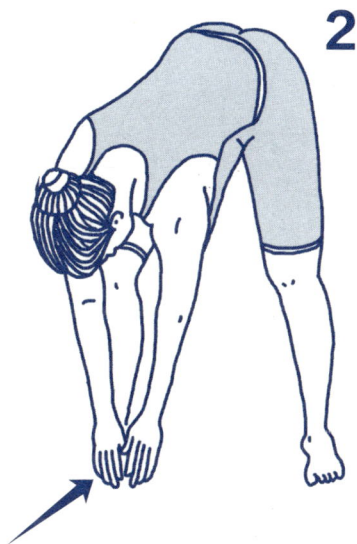

⚠ **注意事项**
1. 弯腰时背部要挺直，不弓背。
2. 双腿膝盖始终保持挺直。

举手后看

"按摩"腹部，打击便秘，还能瘦腰

1 自然站立，双脚打开约 1.5 个肩宽，左臂弯曲手肘"藏"在后背，右臂伸直举过头顶，掌心朝向左侧。

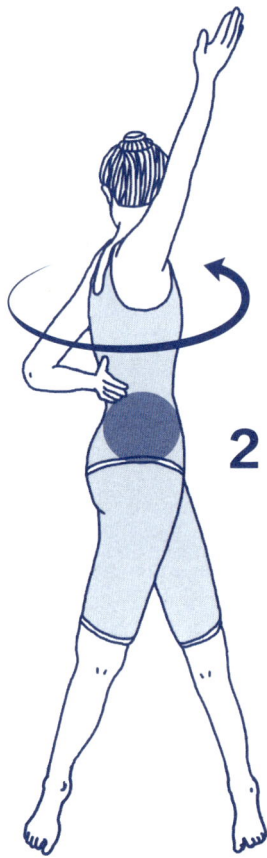

2 身体向左后方旋转至最大限度，眼睛看向右脚跟，停留 1~2 秒，然后转回。换对侧，右臂弯曲手肘"藏"在后背，左臂举过头顶，身体向右后方旋转，眼睛看向左脚跟。

3 左右交替，重复以上动作。

⚠ **注意事项**

1. 腰椎间盘突出、刚动过腹部手术者，不宜做这个动作。
2. 身体尽量向后旋转，以强化拉伸腹部的效果。

呼吸推掌 给腹腔"加压"，促进胃肠蠕动

1

❶ 自然站立，双脚打开约1.5 个肩宽，小臂抬起，与小腹同高，同时双手指尖相对，掌心朝上。

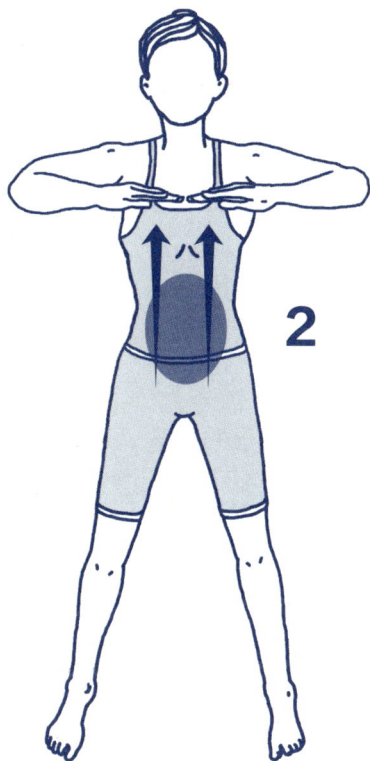

2

❷ 吸气，同时双手沿胸部正中线缓慢上抬，到上胸部时翻掌，呼气，双手缓慢下放到小腹位置。

❸ 重复以上动作。

⚠ **注意事项**　吸气时鼓起腹部，呼气时收腹。

疲劳、乏力 充分舒展身体

运动难度：★★☆

运动方法：**以下动作分2组完成；**
每个动作各做30秒，中间休息10秒

扫码跟着学

胸部伸展 放松肩颈，舒展胸部

❶ 自然站立，双脚打开与肩同宽。左臂伸直，手掌与肩膀呈一条直线并撑墙，手指朝后，右臂放在身侧，手肘放松、稍微弯曲。肩膀发力，慢慢向外转，感觉胸部发紧，保持 15 秒。

❷ 换另一侧做以上运动。

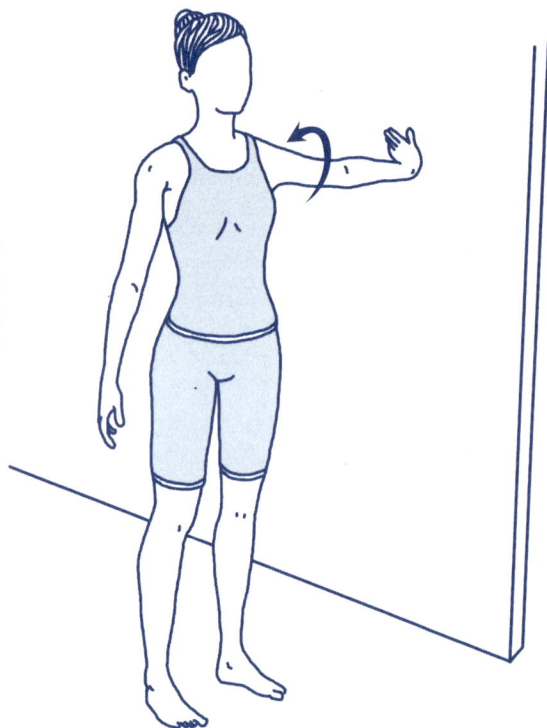

⚠ **注意事项** 肩膀向外转时，其他部位保持不动。

肩部伸展 改善肩膀酸痛，舒缓肩颈疲劳

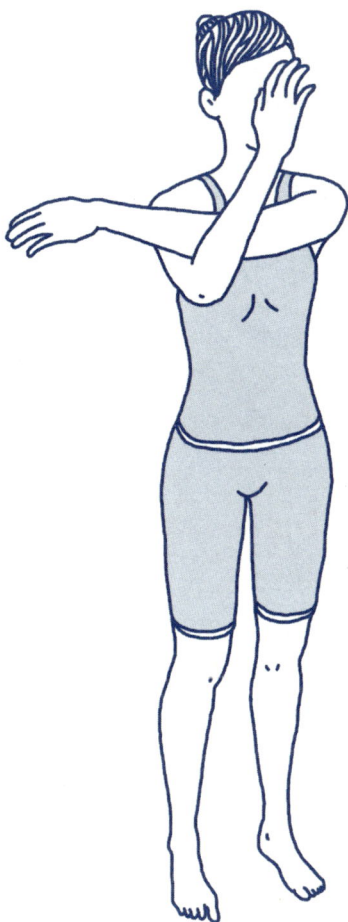

自然站立，双脚打开与肩同宽。
左臂抬起与肩同高，并贴着胸前
向右侧伸直，右臂手肘弯曲托住
左臂。保持 15 秒，然后换手。

⚠️ **注意事项** 手臂尽量向对侧伸展，以加强同侧肩部的拉伸感。

小腿伸展

拉伸小腿肌肉群，缓解小腿酸胀乏力

① 面对墙壁，在离墙 1.5 个手臂远的位置站立，左腿向前一步，膝盖弯曲 90 度，同时上身前倾，双臂举过头顶，手掌贴在墙上。右腿绷直，双手轻轻推墙，使腿部有拉伸感。保持 15 秒。

② 换另一条腿做伸展动作。

双臂举过头顶

后面的腿要绷直

脚趾朝前

⚠ **注意事项** 后面的腿绷直用力向下压。

246

肩部拉伸

稍微弓背

1

低头，看向双膝中间

2

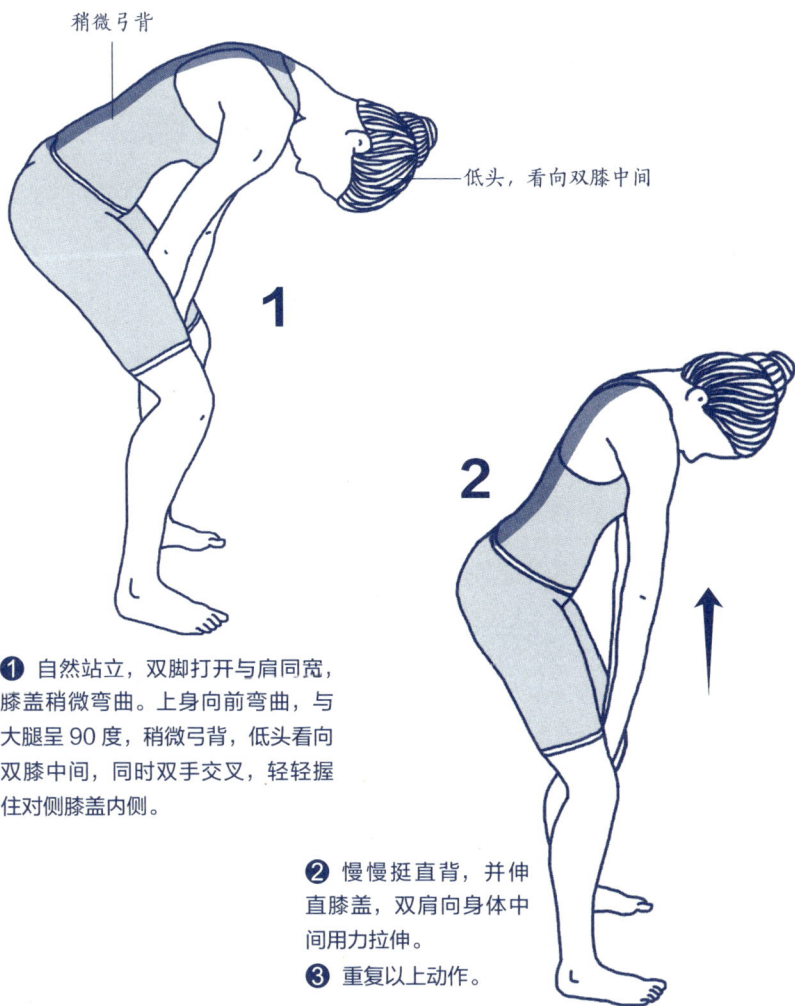

❶ 自然站立，双脚打开与肩同宽，膝盖稍微弯曲。上身向前弯曲，与大腿呈 90 度，稍微弓背，低头看向双膝中间，同时双手交叉，轻轻握住对侧膝盖内侧。

❷ 慢慢挺直背，并伸直膝盖，双肩向身体中间用力拉伸。

❸ 重复以上动作。

⚠ 注意事项

尽可能伸展双臂，双肩向身体中间拉伸，使肩部有拉伸感。

屈膝弓步 拉伸下肢肌肉，缓解下肢不适

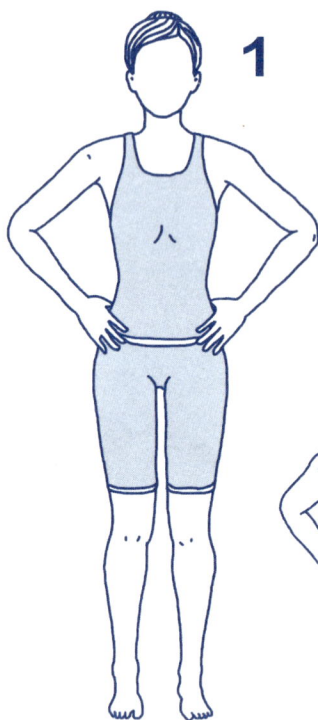

1 双手叉腰站立，手肘朝外、朝后，双腿打开与髋同宽。

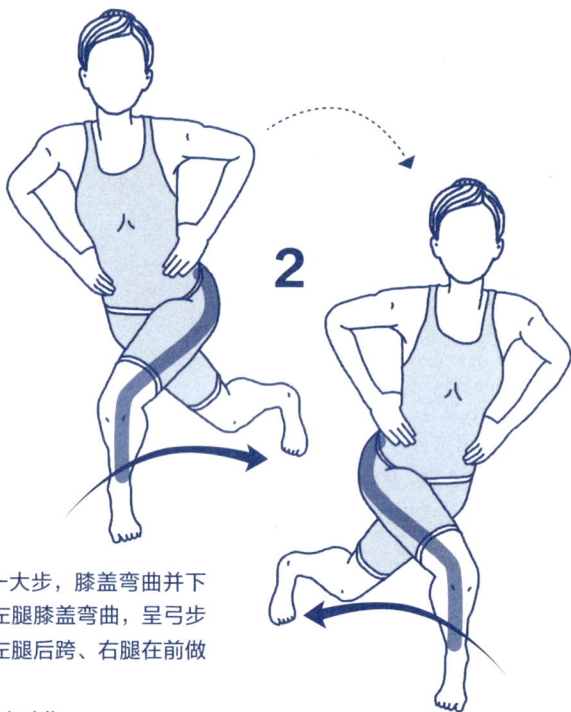

2

2 右腿向斜后方跨一大步，膝盖弯曲并下压，靠向地面，同时左腿膝盖弯曲，呈弓步姿势。然后收腿，换左腿后跨、右腿在前做动作。

3 左右交替，重复以上动作。

⚠ **注意事项** 做弓步动作时，前面支撑腿的膝盖要保持在脚趾后面。

腿筋伸展

拉筋，舒展腰背，全身变轻松

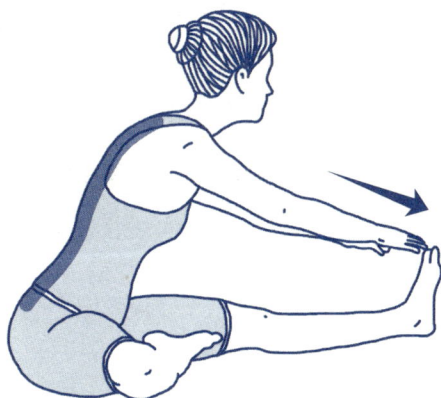

盘腿坐在地上，然后左腿向前伸直，脚趾朝上，右腿保持膝盖朝外、脚心靠近左大腿的姿势。上身稍微前倾，双臂向前伸直，并用指尖触碰左脚脚尖，保持 15 秒，然后换左腿盘腿，右腿向前伸直，双手触碰右脚脚尖。

进阶动作：

用双手去掰伸展腿的前脚掌。

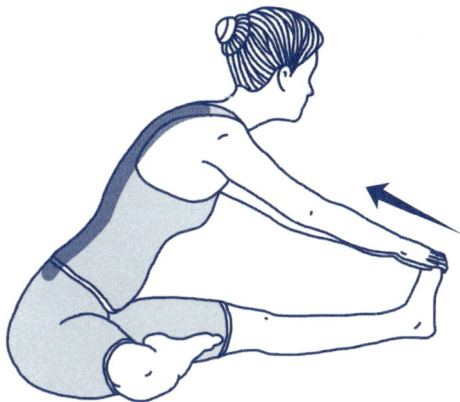

⚠️ **注意事项**　腿部尽量伸展，以加强拉伸感。

压力大、紧张

专注运动，缓解压力

扫码跟着学

膝靠鼻 增加胸肌纬度，强化核心力量

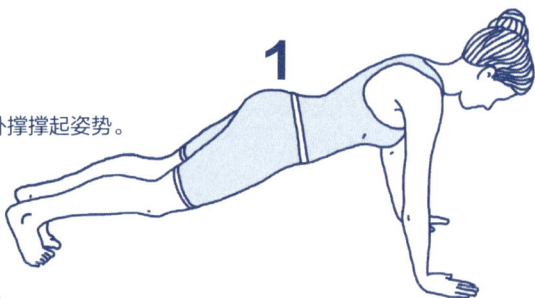

❶ 先保持俯卧撑撑起姿势。

1

后腿用力向后蹬

2

❷ 抬起臀部，使身体呈倒 V 形。一条腿屈膝向前抬起，同时收紧腹部，弓背，低头，使膝盖靠近鼻尖，保持 1~2 秒，然后回到俯卧撑撑起姿势。

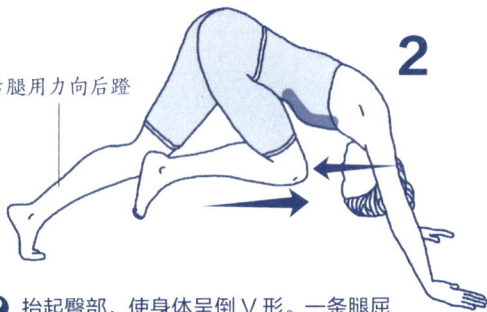

3

注意事项 尽量抬高膝盖。

❸ 左右腿交替，重复以上动作。

250

蹲体上引

臀腿更紧致，人也更自信

❶ 自然站立，双脚打开略比肩宽，脚趾稍微朝外。上身向前弯曲，手指向下碰到脚趾，然后膝盖弯曲蹲下。

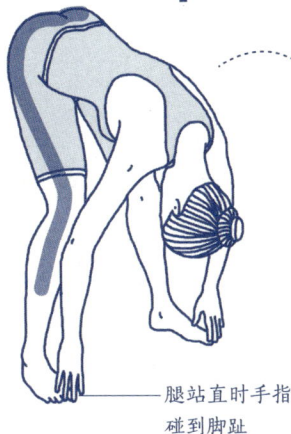

1

蹲下时膝盖略微向外伸展

腿站直时手指碰到脚趾

❷ 双臂上举，身体慢慢站直。

❸ 重复以上动作。

2

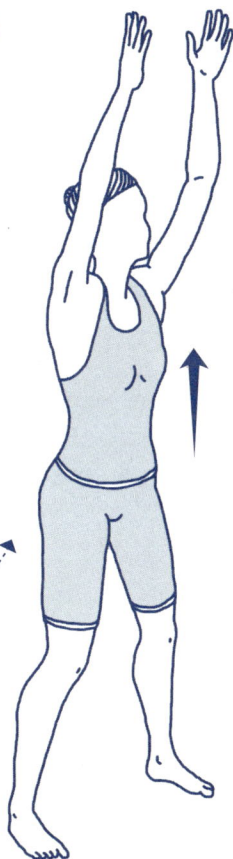

注意事项

1. 蹲下前手指尽量碰到脚趾。如果不能碰到，可略微弯曲膝盖。
2. 膝盖弯曲向下蹲时，要略微向外伸展。
3. 建议 2~3 秒完成一个蹲下、上引的动作，避免速度过快引起头晕。

日出波比跳

跳出多巴胺，缓解焦虑

❶ 先保持波比跳起始姿势，再做向后跳跃动作。

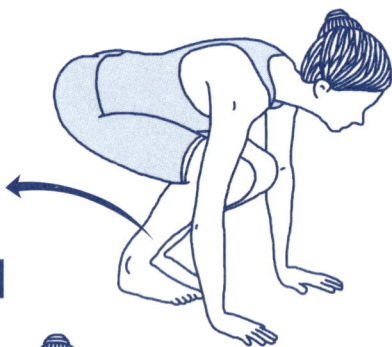

1

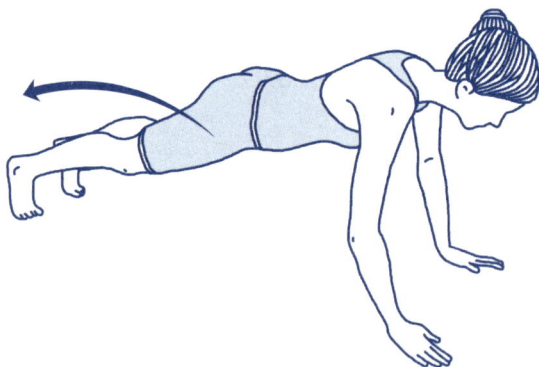

2

❷ 跳回起始姿势后，身体站直，双臂伸直，从身体两侧向上画圈，直到手掌相贴。

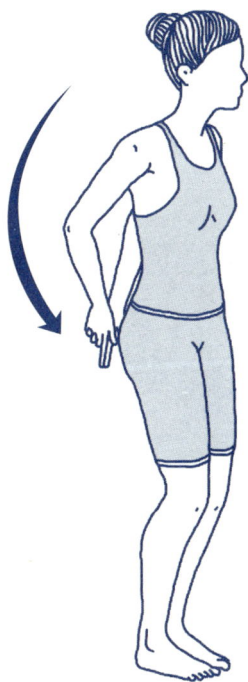

3

❸ 双臂从两侧向后画圈，双手在腰后，拇指、食指伸直，中指、无名指、小指交叉。

4

❹ 下蹲至大腿与地面平行，同时向上提双臂至最大限度，再分开，俯身，双臂放在膝盖两侧，呈波比跳起始姿势。

❺ 重复以上动作。

⚠ **注意事项**
1. 双手向后画圈时，胸背要挺直。
2. 下蹲时，双臂尽量向上提，使肩胛骨有挤压感。

轰炸机式撑体

燃脂强身，放松精神，提高自信

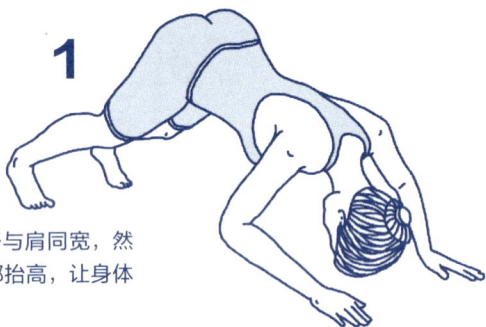

1

❶ 自然站立，双手、双脚打开与肩同宽，然后俯身，手掌、脚趾撑地，臀部抬高，让身体呈倒 V 形，眼睛看向膝盖。

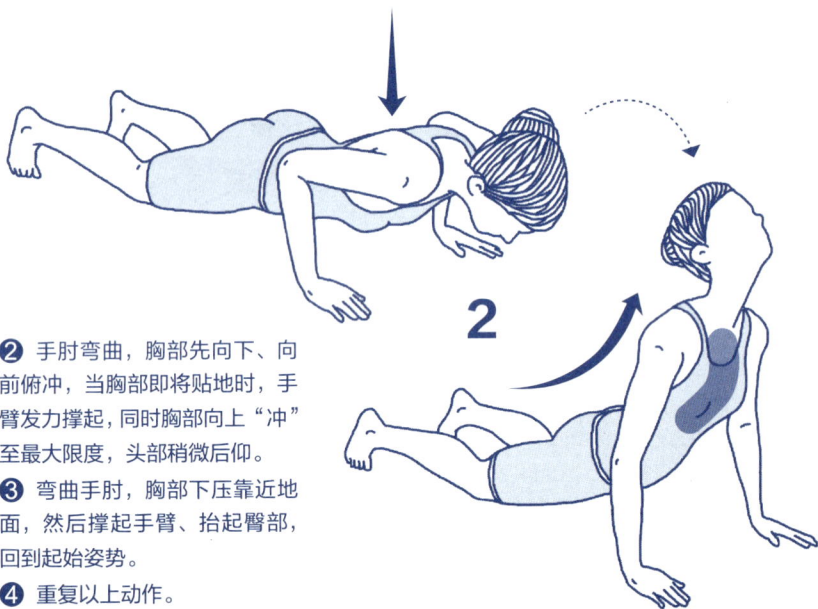

❷ 手肘弯曲，胸部先向下、向前俯冲，当胸部即将贴地时，手臂发力撑起，同时胸部向上"冲"至最大限度，头部稍微后仰。

2

❸ 弯曲手肘，胸部下压靠近地面，然后撑起手臂、抬起臀部，回到起始姿势。

❹ 重复以上动作。

⚠ **注意事项** 如果完成动作有困难，可膝盖先弯曲撑地，待手臂力量增强后再抬离地面。

254